BRAULIO FOZ

© Antonio Peiró Arroyo, 2024

© Instituto de Estudios Turolenses, 2024

Diseño y maquetación: Distopic Studio

Imprime: Huella Digital

ISBN: 978-84-17999-82-7

Depósito legal: TE-201-2024

Impreso en España - *Printed in Spain*

El editor no se responsabiliza de la selección y uso de las imágenes incluidas en la presente edición.

Antonio Peiró Arroyo

BRAULIO FOZ

Instituto de Estudios Turolenses
Diputación de Teruel

Introducción

El primer periodista

Braulio Foz y Burges fue, junto a su coetáneo Víctor Pruneda, el primer periodista de nombre conocido que escribió en Aragón (Francisco Mariano Nipho lo hizo en Madrid)[1], pero a pesar de ello de su trayectoria periodística apenas se ha escrito: Pedro Gómez Aparicio lo ignora totalmente (tanto a él como a los periódicos en que publicó)[2], y únicamente Eloy Fernández ha prestado atención a este aspecto de su actividad. Sin embargo, fue una de las primeras figuras periodísticas y culturales de la época.

---

1. El 5 de mayo de 1948, Ramón Lacadena, marqués de La Cadena, pronunció su discurso de recepción académica en la Real Academia de San Luis de Zaragoza, titulado «Un gran periodista precursor. Faustino Casamayor y sus "Años políticos e históricos"». Casamayor llevó un diario durante más de medio siglo, el cual nos informa de muchos acontecimientos ocurridos en la ciudad, pero una cosa es llevar un diario y otra muy diferente es ser periodista (Ramón LACADENA BRUALLA, *Un gran periodista precursor. Faustino Casamayor y sus "Años políticos e históricos"*, Zaragoza, Real Academia de Nobles y Bellas Artes de San Luis, 1948). Por otra parte, Félix de Latassa señala que Valero Gualberto del Plano y Ximénez publicó el *Diario Noticioso, curioso, erudito, y económico para esta Ciudad de Zaragoza*, cuyos trece números aparecieron a partir del 1 de octubre de 1764, y que fue sustituido por el *Semanario curioso, noticioso, Zaragozano*, que comenzó a publicarse el 16 de octubre de ese año. Afirma que ambos contenían versos y discursos, por lo que parece indicar que el contenido no era informativo, sino literario; dado que no se han conservado ejemplares no puede afirmarse con seguridad (Félix de LATASSA Y ORTÍN, *Biblioteca Nueva de los escritores aragoneses que florecieron desde la venida de Christo, hasta el año 1500*, Pamplona, Oficina de Joaquín Domingo, 1798-1802, vol. V, p. 446).
2. Pedro GÓMEZ APARICIO, *Historia del periodismo español. Desde la "Gaceta de Madrid" (1661 hasta el destronamiento de ISABEL II,* Madrid, Editora Nacional, 1967.

Esta escasa atención se debe a la casi total falta de conservación de ejemplares de los periódicos que editó o en los que escribió habitualmente (de *El Novicio* apenas se conservan ocho páginas y la colección de *Eco de Aragón* está incompleta). Pero el hecho de que en la época fuese muy frecuente que los periódicos reprodujesen artículos publicados en otros, y que en ocasiones tuviesen lugar apasionados debates entre ellos, nos ha permitido reconstruir numerosos detalles de su actividad periodística.

Foz es uno de los polígrafos aragoneses más destacados. A lo largo de su vida, apenas hubo temas sobre los que no escribiese. Publicó obras sobre la enseñanza de las Humanidades, latín, literatura griega[3], poesía, arte, derecho natural[4], historia[5], geología y aguas medicinales, toros, política...[6]. También fue autor o editor de obras literarias, tanto

3. Elvira GANGUTIA, «Braulio Foz y los clásicos», *Cuadernos de Estudios Borjanos*, 15-16, 1985, pp. 51-62; José Javier Iso ECHEGOYEN, «El arte latino de Braulio Foz», *Cuadernos de Estudios Borjanos*, 15-16, 1985, pp. 63-70; Leonardo ROMERO TOBAR, «La Poética de Braulio Foz en el marco de la preceptiva literaria contemporánea», *Cuadernos de Estudios Borjanos*, 15-16, 1985, pp. 111-130; Jacques BALLESTÉ, *Braulio Foz. Pensador y literato*, Pamplona, Ediciones Universidad de Navarra, 1999, pp. 61-87.

4. Juan José GIL CREMADES, «Braulio Foz, tratadista de "Derecho natural"», *Cuadernos de Estudios Borjanos*, 15-16, 1985, pp. 83-107; Jacques BALLESTÉ, *op. cit.*, pp. 89-127; Guillermo VICENTE Y GUERRERO, «Sobre la génesis de las ideas iusfilosóficas en España: Braulio Foz y "El verdadero Derecho natural"», *Anuario de Filosofía del Derecho*, 23, 2006, pp. 431-454; Id., *Las ideas jurídicas de Braulio Foz y su proyección política en la construcción del Estado liberal español*, Zaragoza, Rolde de Estudios Aragoneses – Prensas Universitarias de Zaragoza, 2008.

5. Esteban SARASA SÁNCHEZ, «Braulio Foz y la Historia de Aragón», *Cuadernos de Estudios Borjanos*, 15-16, 1985, pp. 71-80; Carlos FORCADELL ÁLVAREZ, «Los historiadores aragoneses del siglo XIX: las otras "anticipaciones" de Braulio Foz», en José-Carlos Mainer y José M.ª Enguita Utrilla (eds.), *Entre dos siglos: literatura y aragonesismo*, Zaragoza, Institución Fernando el Católico, 2002, pp. 53-71; Antonio PEIRÓ ARROYO, *La "Historia de Aragón" de Braulio Foz y la construcción de una historiografía nacional aragonesa*, Zaragoza, Diputación de Zaragoza, 2003; Carlos FORCADELL ÁLVAREZ y Virginia MAZA CASTÁN, «La nación liberal y el pasado del Reino de Aragón», en Braulio Foz, *Historia y política*, Zaragoza, Institución Fernando el Católico, 2007, pp. 5-51.

6. Prácticamente todos los trabajos publicados sobre él contienen referencias a su actividad política. Específicamente, podemos citar a Anita FABIANI, «Centro e periferia: appunti sulla visione foziana della dinámica culturale», *Alazet*, 12 (2000), pp 33-56; Guillermo VICENTE Y GUERRERO, «Braulio Foz y los claroscuros de un controvertido liberalismo atemperado», *Trienio. Ilustración y liberalismo*, 62, 2013, pp. 35-53; Id., «Un discurso de nación en el Aragón preisabelino (1833-1843). Braulio Foz y su Idea del Gobierno», *Jerónimo Zurita*, 89, 2014, pp. 163-188.

novelísticas (publicó la conocida y tantas veces reeditada *Vida de Pedro Saputo*) como teatrales[7], y, por supuesto, periodista precursor, editor de *El Constitucional Aragonés*, colaborador de *El Novicio* (de ambos periódicos apenas se tenían noticias hasta ahora) y único redactor durante algún tiempo del *Eco de Aragón*, tres de los periódicos más destacados de la Zaragoza de la época[8].

Sus primeros años

Su primera biografía fue publicada por Manuel Ovilo y Otero, dentro de su *Escenas contemporáneas. Revista biográfica y necrológica, científica, literaria y artística*, cuando todavía vivía. Foz revisó el contenido y probablemente aportó datos al mismo[9].

De allí los tomó Miguel Gómez Uriel al publicar, refundidas, las *Bibliotecas antigua y nueva de escritores aragoneses*, de Latassa, que completó con autores del siglo XIX[10]. Probablemente de este los tomó Gabino Enciso Villanueva, al escribir sus *Aragoneses ilustres*[11], y

7. Manuela Agudo Catalán, «Dramas históricos aragoneses (1840-1850), en busca de una identidad regional», *Artigrama*, 13, 1998, pp. 154-156; Francisco Martín Martín, «El ideario aragonesista de Braulio Foz: El testamento de don Alfonso el Batallador, un brote de regeneracionismo ilustrado en la primera mitad del siglo XIX», *Alazet*, 10, 1998, pp. 79-107.

8. Eloy Fernández Clemente, «Braulio Foz, periodista», *Cuadernos de Estudios Borjanos*, 15-16, 1985, pp. 31-49.

9. *Escenas contemporáneas. Revista biográfica y necrológica, científica, literaria y artística*, Madrid, Imp. á cargo de J. Barrera y Piedramillera, 1860, tomo III, pp. 89-96. La carta de Ovilo a Foz enviándole las pruebas se conserva en el Archivo Personal de Braulio Foz, en la Biblioteca de la Universidad de Zaragoza (BUZ), APBUZ100-FOZ-1-6.

10. Miguel Gómez Uriel, *Bibliotecas antigua y nueva de escritores aragoneses aumentadas y refundidas en forma de diccionario bibliográfico-biográfico*, Zaragoza, Imprenta de Calisto Ariño, 1884, vol. I, pp. 552-554.

11. Gabino Enciso Villanueva, *Aragoneses ilustres*, Teruel, Imprenta de la Beneficencia, 1890 (Reimp. facsímil: 1986, 2 vols.), p. 140 (recogido luego en Gabino Enciso Villanueva, *Treinta y nueve biografías*, Zaragoza, Publicaciones La Cadiera, 1958, pp. 7-9).

también Ricardo del Arco y Garay, que no conoció la obra de Ovilo[12]. Le siguieron Francisco Ynduráin, en la edición del *Vida de Pedro Saputo* de 1959[13]; José Luis Calvo, en sus colaboraciones en diccionarios biográficos y en su detallado estudio sobre *Braulio Foz en la novela del siglo XIX*[14]; Jacques Ballesté, en su *Braulio Foz, pensador y literato*[15]; yo mismo, en el estudio crítico de la *Historia de Aragón*[16]; Carlos Forcadell y Virginia Maza, en la edición de los escritos de *Historia y política de Foz en 2007*[17]; y Guillermo Vicente, en su obra sobre *Las ideas jurídicas de Braulio Foz en 2008*[18].

Esta sucesión de referencias está justificada por la necesidad de ser conscientes de que la mayor parte de lo que conocemos de la vida de Foz, sobre todo de sus primeros años, procede de una única fuente, constantemente repetida y a la que solo en ocasiones se añaden nuevos datos de interés. Estas referencias biográficas nos eximen de justificar documentalmente la mayor parte de las afirmaciones sobre su vida aquí recogida, que pueden ser consultadas en las citadas obras. Por otra parte, como veremos más adelante, es necesario poner en duda alguna de dichas afirmaciones, como la de que fue el único redactor del *Eco de Aragón*. La hizo en la primera página del primer ejemplar conservado

---

12. Ricardo DEL ARCO Y GARAY, «Un gran literato aragonés olvidado: Braulio Foz», *Archivo de Filología Aragonesa*, V, 1953, pp. 7-103.

13. Francisco YNDURÁIN, «Vida de Braulio Foz», en Braulio Foz, *Vida de Pedro Saputo,* Zaragoza, Universidad, 1959, pp. VII-XXXVIII.

14. José Luis CALVO CARILLA, «Foz y Burges, Braulio», en Alberto Gil Novales, *Diccionario Biográfico del Trienio Liberal,* Madrid, El Museo Universal, 1991, pp. 250-251 (reproducido en Alberto Gil Novales, *Diccionario Biográfico Aragonés. 1808-1833,* Huesca, Instituto de Estudios Altoaragoneses, 2005, pp. 184-187); Id., *Braulio Foz en la novela del siglo XIX,* Teruel, Instituto de Estudios Turolenses, 1992. También, «Foz y Burges, Braulio», en *Diccionario Biográfico Español,* Madrid, Real Academia de la Historia, 2010-2013, vol. X, pp. 538-539 (https://dbe.rah.es/biografias/9841/braulio-foz-y-burges).

15. Jacques BALLESTÉ, *op. cit.*

16. Antonio PEIRÓ ARROYO, *op. cit.*

17. Carlos FORCADELL ÁLVAREZ y Virginia MAZA CASTÁN, *op. cit.,*

18. Guillermo VICENTE Y GUERRERO, *Las ideas jurídicas...,* pp. 31-73.

de dicho periódico, y desde ese momento se ha reproducido de forma acrítica por quienes han escrito sobre él.

Braulio Foz nació en Fórnoles, en 1791 (cinco años antes la localidad apenas tenía 604 habitantes)[19]. A partir de la edad que aparece en su testamento y de su acta de defunción[20], podemos deducir que lo hizo entre el 1 de enero y el 18 de abril de ese año. El año de nacimiento no es completamente seguro: en su partida de defunción, ocurrida el 20 de abril de 1865, se dice que tenía "setenta y cuatro años de edad, poco más o menos". Sus padres eran labradores acomodados, que le obligaron a estudiar a pesar de su inclinación a las faenas del campo. A los once años fue enviado a Calanda, "donde estudió latinidad con regular aprovechamiento y aun comenzó la filosofía". Terminado el primer año de esta, estalló la guerra de la Independencia.

Los estudios de latinidad establecidos en Calanda no parecen haber sido muy apreciados: en su obra sobre la villa en esta época, Roberto Ceamanos y José Antonio Mateos ni siquiera los citan[21], ni se ha publicado otra información sobre ellos.

Las matrículas de confesión y comunión de Calanda recogen el nombre de los estudiantes forasteros, pero Foz únicamente aparece en

19. Biblioteca de la Real Academia de la Historia (BRAH), 9/6188.
20. Francisco YNDURÁIN, *op. cit.*, pp. XXXVI-XXXVIII. Algunos datos sobre él y su familia en Pedro J. BEL CALDÚ, «Braulio Foz (1): tribulaciones de un extravagante sabio del Bajo Aragón» (https:// historiasdelbajoaragon.wordpress.com/2014/06/24/el-quijote-aragones-1-tribulaciones-de-un-extravagante-sabio-del-bajo-aragon). También, del mismo autor, «Braulio Foz (2): Eran gigantes, no eran molinos» (https://historiasdelbajoaragon.wordpress.com/2014/07/21/el-quijote-aragones-2-eran-gigantes-no-eran-molinos).
21. Roberto CEAMANOS LLORENS y José Antonio MATEOS ROYO, *Calanda en la Edad Moderna y Contemporánea: evolución económica, control político y conflicto social en el Bajo Aragón*, Teruel, Instituto de Estudios Turolenses, 2005.

la correspondiente a 1803[22]. Ese año, el Domingo de Resurrección cayó el 10 de abril, fecha en la que Foz tenía once o doce años; bien pudo llegar a Calanda ese mismo año, pero no sabemos dónde estuvo en los inmediatamente siguientes. En el curso 1807-1808 lo encontramos estudiando primer curso de Filosofía en la Universidad de Huesca[23]. En una solicitud presentada en 1814 a dicha Universidad afirmó que había cursado cuatro años de Gramática y dos de Filosofía en ella[24], por lo que podría haber llegado allí en el curso 1803-1804, siendo incorrecta la información de las *Escenas contemporáneas*.

En tal caso, habría ingresado en la Universidad a los doce años. Poco antes, el ingreso en la de Zaragoza se producía habitualmente a los catorce años, aunque en algún caso pudo tener lugar a los trece, y al menos en uno (el de José Mor de Fuentes) sucedió a los doce[25].

Iniciada la guerra de la Independencia, se alistó como voluntario. Felipe Perena lo nombró sargento primero. Participó en los combates de Troncedo (agosto de 1809) y Tamarite de Litera (diciembre de 1809), retirándose posteriormente a Lérida, donde fue hecho prisionero al rendirse la ciudad ante Suchet el 14 de mayo de 1819. Fue deportado a Francia y encarcelado en el Depósito de Prisioneros de Wassy, ejerciendo posteriormente como profesor de latín, francés y griego en el colegio de esa localidad. Vuelto a España a mediados de 1814, en el curso 1814-1815 ganó por oposición la cátedra de Latinidad de la

22. Archivo Diocesano de Zaragoza (ADZ), caja 28.
23. Archivo Histórico Provincial de Huesca (AHPH), U/127, f. 49r.º.
24. AHPH, U/180, f. 9r.º-v.º.
25. Antonio Peiró Arroyo, *Martín Zapater. Amigo de Goya y noble de Aragón*, Zaragoza, Comuniter Editorial, 2021, p. 22 (ed. orig., 2020). Aunque Mor de Fuentes afirma, erróneamente, que inició los estudios a los once años –José Mor de Fuentes, *Bosquejillo de la vida y escritos*, Zaragoza, Guara, 1981, p. 44 (ed. orig., 1836. Otras eds.: 1943, 1951, 2018)–.

Universidad de Huesca, que ejerció también durante el curso siguiente y a la que renunció en 1816 para ir a la Escuela de Latinidad y Retórica de Cantavieja, y así estar más cerca de su madre y atender mejor su patrimonio. En 1816 la escuela tenía 24 alumnos y al año siguiente 51[26].

En 1822 se trasladó a Zaragoza, desempeñando durante el curso 1822-1823 el encargo de la cátedra de Lengua Griega. El 10 de abril de 1823 el Claustro de rector, consiliarios y catedráticos acordó pagarle 300 reales de vellón, por el servicio que estaba prestando y por hallarse bastante necesitado[27]. Abandonó el puesto poco después, al acercarse los franceses a la ciudad, en la que entraron el 25 de abril. Se ocultó en Fórnoles, pasando el resto del tiempo hasta 1833 en Zaragoza, Valencia y en la cárcel. En el verano de 1833 emigró a Francia, regresando en 1834 a Barcelona, y en enero de 1835 se trasladó a Aragón y en abril del mismo año a Zaragoza[28]. El 18 de octubre de este año solicitó (y consiguió) ser nombrado sustituto en la cátedra de Lengua Griega de la Universidad, entonces vacante[29]. Desde muy pronto, Foz se autoerigió —en su opinión— como el mayor liberal, defensor a ultranza de las libertades públicas, y comenzó a lanzar acusaciones contra quienes consideraba como enemigos del liberalismo[30].

---

26. ADZ, caja 30. Sobre dicha escuela, Josefina LERMA LOSCOS, «La Escuela de Gramática de Cantavieja. Algunos datos sobre su existencia en el siglo XVIII», *Baylías*, 1, 2004, pp. 83-99.

27. BUZ, Libros de Gestis 49, 10-IV-1823, f. 103r.º.

28. En 1835 estaba preso en el castillo de Peñíscola (Archivo Personal de Braulio Foz, BUZ, APBUZ100-FOZ-1-36).

29. Sobre la Universidad de Zaragoza, en el periodo en que Foz fue su profesor: María Rosa JIMÉNEZ JIMÉNEZ, «La Universidad de Zaragoza (1808-1844)», *Historia de la Universidad de Zaragoza*, Madrid, Editora Nacional, 1983, pp. 241-259; Carlos FORCADELL ÁLVAREZ, «La Universidad de Zaragoza en la época isabelina (1845-1868)», *Historia de la Universidad de Zaragoza*, Madrid, Editora Nacional, 1983, pp. 261-287; Guillermo VICENTE, «1808-1845. El final de la Universidad del Antiguo Régimen», en Concha Lomba y Pedro Rújula, *Historia de la Universidad de Zaragoza*, Zaragoza, Prensas de la Universidad de Zaragoza, 2016, pp. 166-211; Francisco BALTAR, «1845-1923. Desarrollo y consolidación del modelo liberal», en Concha Lomba y Pedro Rújula, *Historia de la Universidad de Zaragoza*, Zaragoza, Prensas de la Universidad de Zaragoza, 2016, pp. 212-273.

30. Así lo hizo, por ejemplo, en una larga carta dirigida el 16 de febrero de 1836 a la Diputación Provincial

Esta enumeración de destinos, residencias y cárceles tiene por objeto señalar que la afición de Foz por la prensa solo pudo producirse de forma tardía, como pronto en 1822, ya que con anterioridad vivió siempre en localidades que carecían de periódicos propios, por lo que el acceso a ellos era muy difícil.

---

de Zaragoza (Herminio Lafoz, «El primer texto político de Braulio Foz. Una carta inédita», *Rolde*, 46-47, 1989, pp. 21-23; reproducida parcialmente por José Luis Calvo Carilla, *Braulio Foz...*, pp. 25-27; y Jacques Ballesté, *op. cit.*, p. 46).

Las primeras contribuciones de Foz al periodismo: *El Constitucional Aragonés*

La nueva legislación sobre prensa

La contribución de Foz al periodismo se va a producir, casi exclusivamente, en los primeros años del reinado de Isabel II, marcados por el desarrollo de la primera guerra Carlista, algunos de cuyos acontecimientos más importantes tuvieron lugar en las comarcas aragonesas del Bajo Aragón y el Maestrazgo[31], lo que llevó a la ciudad de Zaragoza a una situación de permanente preocupación, mucho más intensa que la existente en otras zonas. Tras la muerte de Fernando VII y el inicio de la guerra, el régimen liberal convirtió a la prensa en un medio fundamental para conocer el curso de esta, pero también en un instrumento de movilización ideológica, cuyo objetivo era analizar y —en ocasiones— criticar la política llevada a cabo por el Gobierno, lo que llevó a la publicación de numerosos periódicos de distintas tendencias.

---

31. Sobre la guerra en Aragón, hay que señalar especialmente a Pedro RÚJULA LÓPEZ, *Rebeldía campesina y primer carlismo. Los orígenes de la guerra civil en Aragón*, Zaragoza, Departamento de Educación y Cultura, 1995; Id., *Contrarrevolución. Realismo y Carlismo en Aragón y el Maestrazgo, 1820-1840*, Zaragoza, Prensas Universitarias de Zaragoza, 1998.

El Gobierno reguló la censura tanto de los libros[32] como posteriormente para los periódicos, por un reglamento aprobado el 1 de junio de 1834, por el cual los editores debían reunir la condición de electores para procuradores en Cortes y presentar una fianza, que en Zaragoza era de 10.000 reales en metálico o 20.000 en créditos de la deuda consolidada[33].

El 15 de marzo de 1837 las Cortes aprobaron una nueva legislación sobre prensa. Fue sancionada por la reina una semana después y publicada en la *Gaceta de Madrid* el 26 de marzo[34]. En agosto del año anterior, al restablecerse la Constitución de Cádiz, se había recuperado la legislación en materia de imprenta del Trienio Liberal, reconociéndose a los ciudadanos el derecho a imprimir sus ideas sin censura previa, lo que generó numerosos conflictos debido al contenido de las publicaciones.

Por esta legislación, cada periódico debía contar con uno o más editores responsables, que tendrían que tener constantemente en depósito en el Banco de San Carlos una cantidad variable según la población de la localidad donde se imprimiese; en el caso de Zaragoza eran 20.000 reales. El editor debía ser un ciudadano en ejercicio de sus derechos y cabeza de familia con casa abierta en el lugar de la publicación. Una vez realizado el depósito, el jefe político debía autorizar la petición en el plazo de 48 horas, y si no lo hacía o no la

---

32. En el Real Decreto de 4 de enero de 1834, publicado en la *Gaceta de Madrid* de 7 de enero.
33. *Gaceta de Madrid*, 5-VI-1834.
34. Sobre la ley y su aplicación, José A. PÉREZ JUAN, «La aplicación de la ley de imprenta de 15 de marzo de 1837», *Anuario de Historia del Derecho Español*, 76, 2006, pp. 667-703; Eduardo GARROCHO PÉREZ, *La libertad de imprenta en la España liberal de 1837. The freedom of printing press in the Spanish liberal period in 1837*, Trabajo fin de grado, Universidad de Huelva, Facultad de Derecho, 2020 (Edición electrónica: http://www. derechohuelva.com/images/TFG_GARROCHO_P%C3%89REZ_EDUARDO.pdf).

aprobaba, el alcalde debería convocar, a petición del editor, al jurado de acusación para que decidiese. De los abusos de los periódicos serían responsables, en primer lugar, el firmante del artículo denunciado, y en segundo, el editor, cuando el artículo denunciado careciese de firma, no la reconociese el autor, no estuviese en el ejercicio de sus derechos, o se fugase u ocultase.

Tras la aprobación de la Constitución de 1837, estas disposiciones experimentaron algunos cambios por la ley aprobada por las Cortes el 9 de octubre de ese mismo año, sancionada por la reina el día 17 y publicada por la *Gaceta de Madrid* el día 21. La ley estableció la obligación de los editores de ser contribuyentes por contribución directa, estando al corriente de pago. También en este caso la cantidad variaba según el tamaño de la localidad, siendo de 300 reales en Zaragoza. El jurado para los casos de libertad de imprenta se compondría, en el caso de esta ciudad, de contribuyentes de más de 400 reales.

La ley regulaba también el derecho de rectificación. Las personas que se considerasen ofendidas o su pariente más cercano, si había muerto, tenían derecho a que se insertase su contestación en el mismo periódico, limitada a negar, desmentir o explicar los hechos, no estando obligadas a pagar por la inserción cuando la respuesta no excediese del doble del artículo contestado (o de treinta líneas, si ocupase menos de quince), debiendo incluirse en alguno de los tres primeros números publicados tras su entrega, fijándose un plazo de seis días para enviarla y teniendo los ausentes el tiempo necesario para la ida y vuelta del correo. La nueva ley establecía las reglas que estarían vigentes en el periodo que estudiamos y condicionarían la actividad de Braulio Foz como periodista.

Esta nueva legislación llevó consigo la aparición de un gran número de periódicos, algunos de ellos en localidades donde no habían existido con anterioridad (además, los boletines oficiales provinciales también recogían frecuentemente noticias). En el periodo en que se publicaron los periódicos relacionados con Foz también lo hicieron en la ciudad el *Diario Constitucional de Zaragoza* (1836-1844), *El Aragonés* (1839), *La Aurora* (1839-1841), *La Biblioteca* (1840), *Boletín de Anuncios* (1840), *La Sensatez* (1841), *El Ideal Aragonés* (1842), *El Zaragozano* (1842-1844) y *El Liberal Aragonés* (1843-1844) y probablemente otros más, de los que no se han conservado ejemplares ni noticias.

Primeras contribuciones periodísticas

El primer artículo conocido de Braulio Foz (que publicamos en el Apéndice), apareció en el diario madrileño *Eco del Comercio*, el 27 de junio de 1835. Según explica en él, en *La Revista-Mensajero* de 8 de mayo se había prohibido, por real orden, su obra *Palabras de un vizcaíno, a los liberales de la Reina Cristina, que ha publicado en París M. J.-A. Chaho; traducidas y contestadas por D. B. Foz; autor de los Derechos del Hombre*[35]. En el mes de diciembre anterior la había entregado al impresor, junto a la correspondiente licencia de impresión, siendo publicada el 10 de febrero. No habían pasado dos horas después de haberse fijado los carteles que la anunciaba, cuando un agente de policía ordenó suspender la venta, y pocas horas después el comisario

---

35. Barcelona, Librería de J. Oliverés y Gavarró, 1835. Reedición del texto en Braulio Foz, *Historia y política*, Zaragoza, Institución Fernando el Católico, 2007, pp. 71-103. Un análisis de la obra en Carlos Forcadell Álvarez y Virginia Maza Castán, *op. cit.*, pp. 37-40.

de cuartel procedió a confiscar los ejemplares. Al impresor se le impuso una multa[36].

Su relación con El Constitucional Aragonés

Apenas disponemos de datos acerca de *El Constitucional Aragonés*. "De carácter progresista, apoyó las teorías expuestas sobre la Desamortización por Flórez Estrada y fue crítico al gobierno. Mantuvo algunas polémicas con el *Diario Constitucional de Zaragoza*, y se realizó en los talleres de Roque Gallifa, a partir del 6 de agosto de 1836"[37].

Su precio era de 4 cuartos (es decir, 16 maravedíes, algo menos de medio real), y se suscribía en la librería de Gallifa, por 12 reales al mes y por 34 por tres meses; y fuera de Zaragoza, franco de porte, por 18 y 50 reales, respectivamente. Fuera de la ciudad, la suscripción podía realizarse en algunas grandes localidades aragonesas (Alcañiz, Barbastro, Calatayud y Huesca), y también en Barcelona, Cádiz, Lérida, Logroño, Madrid, Pamplona y Tudela.

La escasa información de que disponemos está relacionada con el artículo publicado el 16 de septiembre de 1836, firmado por "Un estudiante", en el que se afirmaba que los catedráticos de la Universidad

---

36. *Eco del Comercio*, 27-VI-1835.
37. F. Asín Remírez de Esparza, «Desde el regreso de Fernando VII hasta "La Gloriosa" (1814-1868)», en Juan Antonio Dueñas Labarías y Alberto Serrano Dolader (dirs.-coords.), *Historia del periodismo en Aragón*, Zaragoza, Diputación de Zaragoza – Diputación de Huesca – Diputación de Teruel – Asociación de la Prensa de Zaragoza, 1990, p. 39, que reproduce la portada del ejemplar correspondiente al 21 de diciembre de 1836, de donde tomamos los datos siguientes.

eran carlistas y que los clérigos regulares iban a la Universidad a embeber a los jóvenes en doctrinas frailescas. También criticaba la distribución de los fondos de la Universidad. Su publicación motivó la queja del rector, Luis María de Cistué, barón de la Menglana, que afirmaba que los pocos catedráticos que habían quedado propietarios habían sido repuestos tras haber sido exonerados por su adhesión al sistema constitucional, y casi todos los sustitutos eran miembros de la Guardia Nacional[38].

Cuando en noviembre de ese año Foz solicitó que le concediese la substitución de las cátedras de griego y francés, el Claustro General acordó concedérselas, a pesar de que del periódico "era editor el referido Foz... (del que se constituyó responsable)"[39]. Por tanto, Foz no era redactor del periódico (tal vez lo fuese, pero no podemos saberlo), ni autor del artículo (aunque así se ha afirmado), sino el editor responsable del mismo: así se inició su actividad periodística, lo que hasta ahora era desconocido.

Al no haber acuerdo en el juicio de conciliación, la vista se celebró con jurado el 7 de febrero de 1837. El alcalde, como juez de primera instancia, no estuvo de acuerdo con la decisión, por lo que el juicio se volvió a realizar a puerta abierta el día 28 del mismo mes, siendo Foz condenado a dos meses de prisión en la Aljafería y al pago de una multa de quinientos reales[40].

---

38. *Diario Constitucional de Zaragoza*, 22-IX-1836; reproducido en Jacques BALLESTÉ, «Guerra civil y prensa zaragozana en torno al caso de Braulio Foz (1836-1837)», *Archivo de Filología Aragonesa*, LVI, 2000, pp. 234-235. Sobre esta cuestión, «Documentos sobre la prisión de Braulio Foz en la Aljafería», en Tomás Buesa Oliver, *Estudios filológicos aragoneses*, Zaragoza, Universidad. Prensas Universitarias, 1989, pp. 411-431 (ed. orig.: 1987).
39. BUZ, Libros de Gestis 62, f. 24v.º.
40. *Ibidem*, ff. 72r.º-73v.º; *Gaceta de Madrid*, 6-III-1837.

Probablemente fue esta condena la que indujo a Foz a dejar de ser editor y buscar a alguien que le sustituyese en esa tarea. *El Constitucional Aragonés* se seguía publicando el 17 de mayo de este año[41], pero no sabemos hasta cuándo lo hizo.

Desde este momento su situación en la Universidad fue incómoda. Intentó resolverla creando un colegio para la enseñanza de Humanidades. A finales de mayo o comienzos de junio de 1837 solicitó al Ayuntamiento que fundase un colegio o que tomase uno bajo su protección y le proporcionase un edificio, uno de los conventos extinguidos o cualquier otro. El 26 de junio el Ayuntamiento acordó que "siendo esta una empresa particular el suplicante podrá proporcionarse el edificio que desee, debiendo acudir á donde corresponda en cuanto al principal objeto de su solicitud"[42].

41. *El Postillón*, 28-V-1837.

42. Archivo Municipal de Zaragoza (AMZ), L.A. 145, 2-VI-1837, ff. 232v.º-233r.º. De la necesidad de crear colegios en Zaragoza se ocuparían más tarde varios artículos del *Eco de Aragón*: 23 y 24-XI, 24 a 26-XII-1841. Sobre su concepto de enseñanza, Guillermo Vicente y Guerrero, «El nacimiento del nuevo modelo liberal de segunda enseñanza en España (1808-1823). Algunas reflexiones desde Aragón», en Guillermo Vicente y Guerrero (coord. y ed. lit.), *Estudios sobre historia de la Enseñanza Secundaria en Aragón*, Zaragoza, Institución Fernando el Católico, 2012, pp. 46-53; Francisco José Alfaro Pérez, «Sopas y letras. La enseñanza de las primeras letras en Aragón a fines de la Edad Moderna», en Gregorio Colás Latorre (coord.), *Sobre cultura en Aragón en la Edad Moderna*, Zaragoza, Mira Editores, 2018, pp. 11-43.

Número 138   Miércoles 21 de Diciembre de 1836.   (4 cuartos.)

El Constitucional Aragonés.

ESTE PERIÓDICO SALE TODOS LOS DIAS.

Se suscribe en Zaragoza, en la librería de Gallifa á 12 reales al mes, y 34 por tres meses; y en las provincias franco de porte 18 reales al mes y 50 por tres meses en los puntos siguientes: Barbastro, Lalita: Barcelona, Indar Cádiz, Hostal y compañía: Calatayud, Larraga: Huesca, Costanera: Lérida, Ayllon: Madrid, Razola: Pamplona Longás Indela Don Francisco de Grael: Alcañiz, D. Salvador Casos, Logroño, Ruiz.

No se admitirá alguna reclamacion, comunicado ni anuncio que no se dirija á la redaccion franco de porte.

CORTES

PRESIDENCIA DEL SEÑOR GONZALEZ Y. ANTONIO
Sesion del dia 15 de Diciembre.

Se abrió á las doce y cuarto, y leida el acta de la anterior quedó aprobada.

El señor secretario Baeza lee las siguientes proposiciones.

Una de los señores Garcia y Lillo para que las diputaciones provinciales procedan al arreglo de los expedicutes sobre suministros. Primera lectura.

Otra del señor Alcoriza pidiendo á las cortes tengan á bien dictar las medidas que crean convenientes para evitar que los capitanes generales y comandantes de las provincias las declaren en estado de sitio, puesto que ya no tienen facultades para ello. Siendo segunda lectura, y habiéndose tomado en consideracion se manda pasar á las comisiones de legislacion y guerra.

Otra del señor Gorosarri para que las cortes se sirvan someter las alteraciones que se hayan de hacer en la constitucion á las juntas parroquiales que es de donde procede la base primera de las facultades de los diputados.

El señor Gorosarri apoya su proposicion.

Siendo segunda lectura se pone á votacion y las cortes no la admiten á discusion.

Otra de los señores Yagüe, Olleros y Rodriguez Leal, que dice así: «Pedimos á las cortes se sirvan acordar que el secretario del despacho de hacienda manifieste á las mismas las razones que ha tenido para contratar con una casa de Bayona seis mil uniformes con perjuicio de las fabricas españolas.—Primera lectura.

El señor Rodriguez Leal ruega á las cortes la declaren comprendida en el artículo 100 del reglamento, y que se suspenda su discusion hasta mañana, en que podrá hacerse con asistencia del señor ministro de hacienda, que podrá venir preparado al efecto.

Se declara comprendida en el citado artículo, y es aprobada.

También se hace primera lectura de la siguiente proposicion del señor Rodriguez Leal: «Pido á las cortes tengan á bien determinar que el gobierno de S. M. presente á las mismas el diario de las operaciones de la columna que salió de esta corte el 21 del pasado al mando del brigadier Ruto.»

Su autor pide recaiga igual resolucion que sobre la anterior, y que el señor ministro interino de la guerra se presente mañana á dar cuenta sobre este particular.

Las cortes la declaran comprendida en el artículo 100 del reglamento, y es aprobada.

El señor presidente anuncia se procede á la discusion del dictamen de la comision de diputaciones provinciales, acerca de la consulta del gobierno, con motivo de la supresion de las contadurías de propios.

Leido el dictamen por el señor secretario Salvá, y no habiendo quien pidiese la palabra, es aprobado en la totalidad.

Se lee el artículo 1.º propuesto por la misma, que dice así: «El gobierno podrá encargar la fiscalizacion, cuenta y razon de las obligaciones de este ministerio (el de la gobernacion) á los empleados cesantes de los ramos que dependen de él, pero con absoluta independencia de las diputaciones provinciales, y pagándolos del presupuesto de aquel.

Hablaron en contra los señores Garcia, Ayllon, Falera y Caballero y en pro el ministro de la Gobernacion, Calderon y Heros.

Despues de lo cual se pregunta, si está el asunto suficientemente discutido y declarado que sí, se aprueba el artículo.

Se lee el artículo 2.º concebido en estos términos: «2.º Que la recaudacion del 20 por 100 del propios, retribucion de, pasaportes, y licencias que expide la proteccion de seguridad pública, y demas ramos administrados por el ministerio de la gobernacion bajo el sistema que este establezca, puedan encargarse á los depositarios de las diputaciones provinciales si estos se convinieren á ello; pero con absoluta independencia de los fondos de aquellos y sin su responsabilidad.

Se declara el artículo discutido y no se aprueba.

Se aprueban sin discusion los dos restantes.

El señor presidente anuncia que continúa la discusion del dictamen sobre bases para la reforma de la Constitucion.

El señor Pascual habla en contra.

El señor Gomez Acebo, en un largo discurso defiende el dictámen de la comision.

A peticion de varios señores diputados se pregunta si esto punto está suficientemente discutido: ponese á votacion la totalidad de este dictamen y queda aprobado.

El señor secretario Salvá lee la primera base del dictámen de la comision que es como sigue: «Se suprimirá toda la parte reglamentaria, y cuanto deba corresponder á los códigos ó á las leyes orgánicas.»

Queda aprobada sin discusion.

El mismo Sr. secretario lee la siguiente que dice: «Las cortes se compondrán de dos cuerpos colegislados que se diferenciarán entre sí por las calidades personales de sus individuos, por la forma de su nombramiento, y por la duracion de su encargo; pero ninguno de estos cuerpos serán hereditario ni privilegiado.

Serán iguales en facultades, pero las leyes sobre contribuciones y crédi-

El Novicio

La aparición de El Novicio y su difusión

El primer periódico en el que Foz desarrolló su actividad como periodista fue *El Novicio*, editado por Roque Gallifa, miembro de una dinastía de impresores que inició su trabajo en 1821, arrendando la imprenta del Hospital de Nuestra Señora de Gracia, que compró en 1827 y renovó sus instalaciones. Roque estuvo al frente del taller entre 1821 y 1841[43]. De él salió un gran número de libros, así como de periódicos, todos ellos en una línea liberal y constitucional. No hay que buscar el nombre del nuevo periódico en ningún motivo religioso, sino en su carácter de nuevo o principiante.

De *El Novicio* apenas disponíamos hasta ahora de noticias, ya que la Hemeroteca Municipal de Zaragoza únicamente ha conservado parte de un ejemplar (dos de las cuatro páginas): el correspondiente al 23 de enero de 1838. El Archivo Personal de Braulio Foz, conservado en la Biblioteca de la Universidad de Zaragoza, guarda otro: el de 6 de septiembre del mismo año, y un suplemento al de 20 de febrero

---

43. Inocencio Ruiz Lasala, *Bibliografía zaragozana del siglo XIX*, Zaragoza, Institución Fernando el Católico – Ayuntamiento de Zaragoza, 1977, p. 7; Ángel Canellas López, «Roque Gallifa», *Gran Enciclopedia Aragonesa*, 1981, vol. VI, p. 1478.

de ese año[44]. El precio de cada número y el de la suscripción eran los mismos que los de *El Constitucional Aragonés*. La suscripción también podía realizarse en las mismas localidades que este y en todas las administraciones de correos de Aragón.

El Novicio debió de aparecer por primera vez el 2 de agosto de 1837. Para entonces, Foz había fracasado en su intento de abrir en Zaragoza un colegio para la enseñanza de Humanidades. Es probable que fuese el "maestro de primera educación" que se ofrecía para dar lecciones de leer, escribir, aritmética y gramática castellana en casas particulares, como ya había realizado en algunas de ellas. Los interesados se avistarían con el mancebo de la librería de Roque Gallifa, redacción de *El Novicio*[45].

A pesar de que solo se han conservado los citados ejemplares de *El Novicio*, conocemos muchas cosas sobre él, porque varios de sus artículos fueron copiados en otros periódicos liberales de la época. Aunque la relación no es completa, además de en el zaragozano *Diario Constitucional de Zaragoza* hemos encontrado referencias en periódicos de varias ciudades españolas (Barcelona, Gerona, Madrid, Palma de Mallorca, Santa Cruz de Tenerife y Valencia) y francesas (Estrasburgo, París y Pau)[46].

---

44. Archivo Personal de Braulio Foz, BUZ, APBUZ100-FOZ-1-51 y APBUZ100-FOZ-2-80(3).

45. *Diario Constitucional de Zaragoza*, 19-VIII-1837.

46. Se trata de periódicos de Madrid (*El Amigo del pueblo, El Castellano, El Correo Nacional, El Español, La Estafeta, El Mata-moscas, Nosotros* y especialmente el *Eco de Comercio*, con el que tanto *El Novicio* como luego el *Eco de Aragón* tenían muchas afinidades), Barcelona (*Diario de Barcelona, El Guardia Nacional, La Paz* y *El Vapor*), Gerona (*El Postillón*), Palma de Mallorca (*Diario constitucional de Palma de Mallorca*), Santa Cruz de Tenerife (*El Atlante*) y Valencia (*La Verdad*). En cuanto a los franceses, fueron publicados en Estrasburgo (*Niederrheinischer Kurier*), París (*La Presse*) y Pau (*Le Mémorial des Pyrénés*).

Junto a estas publicaciones, de carácter informativo y de opinión, llama la atención la frecuente cita en otras de carácter oficial, pero que en esa época acostumbraban también a publicar noticias y anuncios. No solo copian noticias la *Gaceta de Madrid*, sino también varios boletines oficiales provinciales: las hemos encontrado en los de Canarias, Logroño, Santander y Zamora, pero esta relación no es completa. Las noticias reproducen las publicadas en *El Novicio* (dos o tres días después en el caso de los periódicos madrileños, pero muchos más en los otros). Gracias a estas reproducciones, podemos saber que *El Novicio* publicaba con relativa frecuencia suplementos a la edición, y que sus contenidos eran conocidos (muchas veces compartidos y otras criticados, como veremos) en un territorio muy amplio.

Hay dos casos extremos. Por una parte, una única referencia publicada en la *Gaceta Oficial*, de Oñate, que se diferencia de todas las publicaciones anteriores por su carácter, ni liberal ni oficial, sino carlista. Por otra, una referencia también única en el *Diario del Gobierno de la República Mexicana*, aunque en este último caso no queda claro si quien la copió había consultado directamente *El Novicio*, o lo había hecho de forma indirecta[47]. Esta copia de un periódico a otro era muy habitual en la época y constituía casi la única forma para que los lectores que vivían en una localidad pudiesen informarse de lo que ocurría en otras. Frecuentemente iba acompañada de textos de apoyo o crítica a la publicación original.

---

47. En las ediciones de 1 de septiembre de 1837 y de 31 de julio de 1838, respectivamente.

La línea editorial de El Novicio *y los conflictos periodísticos*

En todos los casos que conocemos, las opiniones de la publicación tienen un contenido progresista, como el que más tarde tendrán las publicadas en el *Eco de Aragón*, si bien en este caso no fue Foz el único autor.

El 5 de marzo de 1838, *El Novicio* escribía: "no nos es posible dar por completo el número de hoy, por hallarse todos los operarios de esta imprenta con las armas en la mano y ocupando los puntos que á cada batallón, y á cada compañía han sido designados después dé la victoria conseguida: contra la facción"[48]. Como es sabido, en la madrugada de ese día, las tropas del general Juan Cabañero, que se habían desplazado rápidamente desde el Bajo Aragón, asaltaron la muralla de la ciudad y entraron en ella. Cuando se dio la voz de alarma, la Milicia Nacional, reforzada por civiles, respondió rápidamente repeliendo a las tropas carlistas, parte de las cuales se refugiaron en edificios religiosos (la iglesia de San Pablo y el convento de Santa Inés), rindiéndose poco después y huyendo de la ciudad las restantes. La derrota fue total, con 217 muertos y unos 300 heridos, frente a apenas 11 muertos y 50 heridos de los zaragozanos.

A partir del siguiente año, el 5 de marzo se convirtió en fiesta local, con un marcado carácter liberal[49], que la ciudad siguió celebrando hasta su prohibición en 1936 y siendo posteriormente recuperada en

---

48. *Eco del Comercio*, 9-III-1838.
49. Sobre los sucesos del 5 de marzo, Raúl MAYORAL TRIGO, *El 5 de marzo de 1838 en Zaragoza. Aquella memorable jornada... (1837-1844)*, Zaragoza, Institución Fernando el Católico, 2014.

la Transición. Foz comenzó a escribir en *El Novicio* a comienzos de marzo de 1838[50], coincidiendo con estos sucesos.

El carácter progresista de *El Novicio* lo hizo prácticamente único fuera de Madrid. Como afirmaba *El Castellano*, "la última ley sobre periódicos que exige una crecida fianza en dinero para su publicacion, la autoridad omnímoda de los generales en los estados de sitio, la persecución de algunos de ellos y el ministerio han desplegado contra los escritores independientes, han ahogado á los pocos periódicos libres que se publicaban en las provincias, y puesto tales obstáculos al establecimiento de otros que solo existe *uno* fuera de Madrid (*El Novicio de Zaragoza*) que no sea instrumento del mismo poder ministerial. Uno que se publica en Cádiz, otro en Valencia, dos en Barcelona, y uno en Tarragona, únicos periódicos políticos de España, todos los instrumentos de ese poder que por lo general tiende á ser arbitrario y despótico, á dominar al trono como al pueblo"[51].

Sin embargo, la libertad con la que escribía (mejor dicho, con que criticaba a quienes no estaban totalmente de acuerdo con sus ideas) le llevó a numerosos enfrentamientos, que solo conocemos por lo publicado por otros periódicos, sin que sepamos si *El Novicio* permitió la réplica en sus páginas. El *Diario Constitucional de Zaragoza* recoge varias referencias a estos conflictos los días 18 de agosto (al parecer relacionado con una crítica artística), 14 de septiembre, 23 de septiembre (sobre la actitud de Juan Amorós, a quien consideraba al servicio del carlismo) y 24 de septiembre de 1837; y 20 y 21 de abril de 1838.

50. Braulio Foz, *Del gobierno y fueros de Aragón*, Zaragoza, Imprenta y Librería de Roque Gallifa, 1850, vol. V, p. 192.
51. *El Castellano,* 8-IX-1838.

Pero los enfrentamientos no se limitaron al ámbito local. También hubo duras críticas de otros periódicos, como *Nosotros* ("¿Es cierto que el *Novicio* ha insultado á todos los periodistas de Madrid diciendo que todos son despreciables? [...] ¿Es cierto que el *Novicio* a cada instante toma la voz del pueblo y amenaza con sus furores, y aconseja que no se le irrite, como quien tiene agarrado un perro de presa pronto á lanzarle contra sus enemigos? ¿Es cierto que aquellas doctrinas son anárquicas y estas amenazas sediciosas?")[52] y *El Correo Nacional*, que previamente había sido criticado desde las páginas de *El Novicio*[53]. También el *Eco del Comercio* y *El Atlante* publicaron críticas a *El Novicio* por el tono que este utilizaba[54]. En ellas, lo que se ponía en tela de juicio era lo radical de sus afirmaciones, algo que ya era habitual en las primeras contribuciones de Foz, aunque parece que en este caso los autores (una parte de ellos al menos) eran distintos.

52. *Nosotros*, 21-V-1838.
53. *El Correo Nacional*, 17-VII-1838.
54. *Eco del Comercio*, 15-VII-1838; *El Atlante*, 6-X-1838.

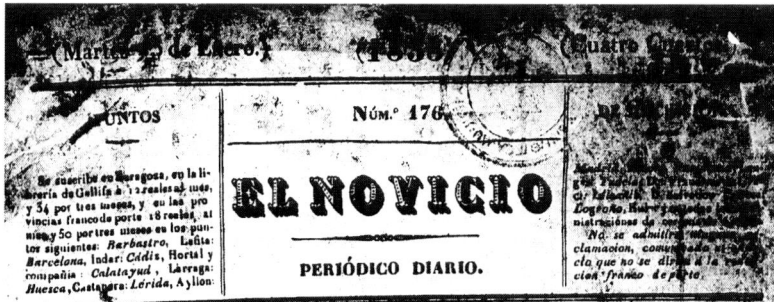

(Martes... de Enero.) (1836.) (Cuatro cuartos.)

...UNTOS NÚM.º 176

EL NOVICIO

PERIÓDICO DIARIO.

Se suscribe en Zaragoza, en la librería de Gallifa á 12 reales al mes, y 34 por tres meses, y en las provincias franco de porte 18 reales, y entregando 50 por tres meses en los puntos siguientes: Barbastro, Leoita: Barcelona, Indar: Cádiz, Hortal y compañía: Calatayud, Lárraga: Huesca, Castanera: Lérida, Ayllon.

NOTICIAS OFICIALES.

Partes.

El juez de primera instancia de Badajoz ha dirijido á este ministerio con fecha 13 del actual el parte siguiente:

El dia 9 del presente mes fue batida la faccion de Donato, compuesta de 40 caballos, en el pueblo de Madrigalejo, por la columna que mandaba el comandante don Antonio Solar. Resistióse obstinadamente el enemigo al principio de la accion; pero acometido con bizarría por nuestras tropas, quedaron en el campo 30 muertos, y 5 prisioneros que habrán sido fusilados, sin que por nuestra parte haya habido ninguna pérdida, cogiéndoles 35 caballos con sus armas y monturas, y entre ellos el del cabecilla con su lanza y equipo.

El comandante general interino de Cuenca don José Moreno, con fecha 16 del actual, despues de manifestar los movimientos de la faccion espedicionaria y de nuestras tropas durante el tránsito por dicha provincia, dice que el dia 12 emprendió la marcha el enemigo desde Villalba, y bajó por Zarzuela, Sotos y Bascuñana, cuya sierra atravesaba en el momento que la 2.ª division nuestra, dirijiendose á Cuenca desde Vi-

llir de Domingo Gracia cruzaba el mismo camino; y habiéndose ocultado los rebeldes, luego que hubo pasado nuestra columna, y cuando esta estaba en Chillaron; se presentaron los enemigos por retaguardia cogiendo alguno que otro rezagado: visto lo cual, immediatamente retrocedió el general Ulibarri con la caballería y compañías de cazadores, siendo el resultado dar alcance á los faccios frente á Noeda; donde tomaron posicion; mas tan luego como llegó nuestra infantería se atacó al enemigo, llevándole en retirada hasta Sotoca, donde se hizo de noche, favoreciendo ademas el terreno á los expedicionarios en disposicion de no poderles dar cargas con la prontitud necesaria; pero que no obstante han sufrido alguna pérdida, pues que se han presentado en Cuenca 60 infantes existiendo ademas 20 prisioneros y que segun datos contestes dejaron varios muertos en las dos leguas de persecucion. Que el alcalde de Huete avisa tenia en su poder 25 presentados, y que el gefe politito de la provincia que salio á visitar los pueblos por donde el enemigo habia marchado, debia regresar con 40 individuos tambien presentados y porcion de prisioneros que le habia entregado el general Ulibarri; que el comandante accidental de la compañía franca que se dirigió con la misma á recorrer los pun-

tos de la sierra habia dado muerte á un rebelde, y hecho siete prisioneros, añadiendo que acababan de llegar y haberla á la ciudad de Cuenca seis heridos y cinco presentados, siendo varios los avisos que aun recibe de algunas justicias manifestando irian remitiendo á su disposicion algunos dispersos que aun existian en varios pueblos.

Manifiesta por último el comandante general que según las últimas noticias que alcanzan hasta el 14, seguian nuestras fuerzas sobre el enemigo por Uclés, Turrubia y el Horcajo.

El capitan general de Castilla la Nueva con fecha 18 del actual trascribe una comunicacion del comandante general de Toledo del dia anterior á las 11 de la noche, en que participa que la faccion del rebelde Basilio habia entrado en la Villa de Yévenes á la una del mismo; habiendo tomado en consecuencia las medidas de defensa mas convenientes, asegurando al propio tiempo que la guarnicion y Milicia Nacional de Toledo se hallan animados de los mejores sentimientos, y que los enemigos no ofrecen alli el menor cuidado.

Jueves 6 de Setiembre. (**1838**) (Cuatro cuartos.)

PUNTOS	NÚM. 396.	DE SUSCRICION.

EL NOVICIO

PERIÓDICO DIARIO

Se suscribe en Zaragoza, en la librería de Gallifa á 12 reales al mes, y 54 por tres meses, y en las provincias franco de porte 18 reales al mes y 50 por tres meses en los puntos siguientes: *Barbastro*, *Lafita*: *Barcelona*, lodar: *Cádiz*, Hortal y compañía: *Calatayud*, *Lárraga*: *Huesca*, Castanera: *Lérida*, Ayllon:

Madrid, Razola: *Pamplona*. Longás: Tudela, Don Francisco de Gracia: *Alcañiz*, D. Salvador Covesa: *Logroño*, Ruiz: y en todas las administraciones de correos de Aragon.
No se admitirá ninguna reclamacion, comunicado ni anuncio que no se dirija á la redaccion franco de porte.

ARTICULO DE OFICIO.

MINISTERIO DE LA GOBERNACION
DE LA PENINSULA.

CUARTA SECCION.

Circular.

Remito á V. S. el adjunto egemplar de la ley de 21 de julio próximo pasado, y del plan de instruccion primaria que el Gobierno está autorizado para establecer provisionalmente. Al propio tiempo, y á fin de llevar á efecto dicho plan, S. M. la Reina Gobernadora se ha servido dictar las siguientes disposiciones:

1.ª Se instalarán inmediatamente las comisiones provinciales y locales de que hablan los arts. 28 y 34 del plan, cesando en su consecuencia las que ahora existen: y de haberse verificado darán aviso los gefes politicos á este ministerio de mi

cargo.

2.ª Para el cumplimiento de lo prevenido en el art. 8.º, las comisiones de provincia, así que esten instaladas, se ocuparán en formar los distritos que en el mismo se indican; y luego que estuvieren señalados y aprobados por el gefe politico, se procederá á la organizacion é instalacion de la comision local correspondiente.

3.ª Todas estas comisiones se ocuparán sin pérdida de tiempo en examinar el estado de la instruccion primaria en sus respectivas demarcaciones, y en los medios de mejorarla, para que se aproxime cuanto posible sea á lo que al nuevo plan exige.

4.ª Tomarán noticia de los fondos, de cualquiera naturaleza que fueren, que en el dia estan destinados á esta clase de enseñanza, averiguando si se les da la inversion debida.

5.ª Indagarán asimismo todas las rentas pertenecientes á fundaciones

legados, memorias &c. que existan en su distrito, cuyo objeto haya caducado ó no se cumpla, y puedan aplicarse al fomento de la instruccion primaria.

6.ª Procurarán que se establecan escuelas en todos los puntos en que prescribiéndolo la ley, no las hubiere; y cuidarán de que la enseñanza, asi en las nuevas como en las que ya existen, se arregle á lo que la misma previene.

7.ª Las comision de provincia cuidarán especialmente de que, al menos por ahora, se establezcan escuelas superiores en las capitales para que sirvan de modelo á las que se vayan creando despues en los demas pueblos donde deba haberlas.

8.ª Cuando el producto de rentas y arbitrios que pueda reunir una escuela no alcance á cubrir sus gastos, la comision correspondiente acudirá al ayuntamiento para que incluya en el presupuesto municipal la cantidad necesaria á llenar esta obli-

LETRILLA

Como Oráa vido á Morella,
De medio lado la vi.

Una dama en un balcon
Florida, como el abril,
Salada como ella sola,
Bella como un serafin,
Vide ayer; ó por lo menos
Tal se me figuró á mi:
    Cuando como Oráa á Morella,
    de medio lado la vi.

Era la hora en que del cielo
Subido el sol al zenit
Velaba su ardiente lustre,
Porque pudiese salir
Sin ofensa ella del suyo
A suceder tal fuego en mí,

Cuando como Oráa á Morella
De medio lado la vi.
Vuelvete, yo le decia,
Vuelve ese cuerpo gentil,
(Por supuesto, muy bajito,
Cual si ella estubiese allí):
¿Por que solo me presentas
Para mirarte el perfil?
    Mas como Oráa vió á Morella
    Solo de perfil la vi.
Dime ¿eres lo que pareces
Al mirarte yo ahora asi?
Vuelve por Dios esa cara,
Que hay quien te contempla aqui
Con amor, y que desea
De aquesta duda salir:
    Mas como Oráa vió á Morella,
    Solo la vi de perfil.
¡Me has visto tú alguna vez?
¿Reparaste nunca en mí?
Y si alguna vez me has visto,
Dime ¿qué te pareci?
Si bien, ¿por que desdichado
Todo ha de parar al fin
    En que cual Oráa á Morella,
    Solo de perfil te vi?

La gracia que es lo primero
Que en la muger yo pedí,
Es tal, que si corresponde
La vista llena al perfil,
O me quieres ó me muero,
Por que asi se yo sentir;
    Aunque comó Oráa á Morella
    Tan solo ó, ángel, te vi.
Yo pondré este paso en verso,
Le imprimiré, y tu al reir
De ver paso tan ausible,
¿Creerás que es, angel, por tí?
¿Creerás que eres tu la dama
De quien habla aquí Zeib?
¿Y cuál Oráa vió á Morella
Verte he solo de perfil?

Bien puede ser que los hados
Me hicieren tan feliz:
Mas ya que á mi se me niegue
Verte si no es de perfil,
No lógre otro en el mundo
Verte jamas sino asi;
    Como Orda vido á Morella,
    Y como yo ayer te vi.
        El de arriba.

El *Eco de Aragón*

La aparición del Eco de Aragón

No se han conservado los primeros números del *Eco de Aragón*[55]. Aunque por la numeración del primer ejemplar preservado debió de aparecer el 19 de noviembre de 1838, en realidad su aparición fue anterior, ya que el día 5 de este mes ya lo saludaba el *Eco del Comercio*[56], lo que indica que –como muy tarde– había aparecido el 2 o el 3. Por tanto, hemos de considerar la posibilidad de que en un primer momento no se publicase todos los días, pero luego lo hizo de lunes a domingo, sin ninguna excepción. También en este caso las menciones son frecuentes en otros periódicos, menciones que llegan a atravesar

---

55. Sobre el *Eco*, María Pilar Benítez Marco, «Metodología para la investigación del espectáculo operístico en prensa: el caso del "Eco de Aragón"», *Metodología de la investigación científica sobre fuentes aragonesas (Actas de las IV Jornadas)*, Zaragoza, Universidad – ICE, 1989, pp. 513-521; José Ángel Sánchez Ibáñez, «Unas notas sobre el Liceo Artístico y Literario de Calatayud en la prensa zaragozana (*El Eco de Aragón*)», *Tercer Encuentro de Estudios Bilbilitanos*, Zaragoza, Centro de Estudios Bilbilitanos, 1992, vol. II, pp. 447-452. En 1991 la Facultad de Filosofía y Letras de la Universidad de Zaragoza y la Institución Fernando el Católico publicaron una edición facsímil de los números correspondientes a 1841, con una breve introducción de Carlos Forcadell. Los números que se conservan en la Hemeroteca Municipal de Zaragoza pueden consultarse en https://www.zaragoza.es/ciudad/usic/hemeroteca/digital.htm

56. *Eco del Comercio*, 5-XI-1838 ("Nuestro tocayo sabe muy bien la buena acogida que generalmente han tenido sus doctrinas en el pueblo madrileño, dadas á conocer repetidas veces en nuestras columnas. Esperamos que continúen defendiendo con valor los intereses del pueblo, en cuyo caso su *Eco* será verdaderamente nacional y resonará con gusto en los oídos de todos los españoles amantes de la libertad").

el océano Atlántico, como la aparecida en el *Diario del Gobierno de la República Mexicana*, que la toma de un periódico de Burdeos[57].

El primer número conservado es el 623, que corresponde al 1 de agosto de 1840. Los precios de suscripción eran los mismos que los de *El Novicio*. Como en los casos anteriores, la suscripción podía realizarse en varias localidades aragonesas (Barbastro, Calatayud, Ejea de los Caballeros, Fraga, Graus, Huesca y Teruel). Fuera de Aragón, podía llevarse a cabo en Barcelona, Lérida, Logroño, Madrid, Murcia y Tudela. De la relación publicada por *El Novicio* se habían descolgado Pamplona (que se sumó el 12 de agosto de 1840), Alcañiz (el 25 de agosto de 1840)[58] y Cádiz, pero se habían añadido otras localidades, algunas de las cuales probablemente ya lo habían hecho en la publicación anterior. En Madrid, además de poder suscribirse en la librería de Sojo, en la calle de Carretas, era posible comprar números sueltos del periódico, que llegaba diariamente[59]. Además, el contenido del *Eco* era reproducido con frecuencia en numerosos periódicos. En marzo de 1841 encabezada la relación de periódicos de fuera de Madrid que se podían leer en el gabinete de lectura y librería de Monier[60].

El *Eco* era diario, publicándose también los festivos. Como señaló Eloy Fernández, su estructura se mantuvo prácticamente sin cambios sensibles durante todo el tiempo de su publicación, aunque esta afirmación hay que limitarla al periodo para el que se han conservado ejemplares. En esta época había siempre un artículo editorial (el

---

57. *Diario del Gobierno de la República Mexicana*, 30-III-1839.
58. *Eco del Comercio*, 1, 12 y 25-VIII-1840.
59. *Diario de Avisos de Madrid*, 21-XII-1838.
60. *Gaceta de Madrid*, 27-III-1841.

redactado por Foz), de contenido político. También era frecuente que en las páginas primera y segunda hubiese un folletín. Por otra parte, estaban los artículos de oficio (que reproducían publicaciones oficiales y noticias de Aragón, España y otros países), así como una sección local zaragozana. La publicación se completaba con una sección de anuncios (que en mayo de 1842 generó una «Adición al Eco de Aragón. Boletín de Anuncios de Zaragoza»)[61].

Aunque esta estructura fue muy estable (solo se alteraba en las ediciones correspondientes al 5 de marzo, dedicadas a la celebración de ese día), el contenido cambiaba mucho de un día a otro. Era frecuente copiar y comentar contenidos de otros periódicos, básicamente de carácter liberal, apoyando o contradiciendo sus afirmaciones[62], así como publicar cartas de lectores, procedentes de muchas localidades aragonesas. Tenía un corresponsal en Huesca, que envió información de forma continuada entre diciembre de 1841 y agosto de 1842, y luego entre diciembre de ese año y enero de 1843[63]. También lo tuvo en Alcañiz (antes de agosto de 1840 y en diciembre de 1841)[64] y en Barcelona (en enero de 1843)[65]; pero no sabemos en qué consistían esas

---

61. Eloy FERNÁNDEZ CLEMENTE, *op. cit.*, pp. 34-35.
62. Además del *Eco del Comercio* y el *Fray Gerundio*, de Madrid, citados con gran frecuencia, era habitual la de otros publicados en dicha villa: *El Archivo Militar, Cangrejo, El Castellano, El Católico, La Constitución, El Correo Nacional, El Corresponsal*, la *Gaceta de Madrid, El Espectador, El Hablador Patriota, El Huracán, El Patriota* y *El Zurriago)*. También se citan periódicos de Barcelona (*El Imparcial*), Bilbao (*El Vizcaíno Originario*), Cádiz (*El Nacional*), Murcia (*El amigo de los Labradores y del Pueblo*), San Sebastián (*El Liberal Guipuzcoano*), Sevilla (*El Sevillano*), Teruel (*Constitucional Aragonés)* y Valencia (*E. de la M.N.* y *La Tribuna*). También los había franceses (*La Sentinelle de les Pyrénées*, Bayona; *L'Emancipation*, Toulouse; *El Faro de los Pirineos*; *Le Mémorial des Pyrénées*, Pau; *El Nacional*, París). No he localizado el lugar de publicación de *El Labrador, El Labriego* y *La Milicia Nacional*. La relación incluye únicamente aquellos periódicos citados directamente; hay otros que pudieron serlo indirectamente.
63. *Eco de Aragón*, 8 y 9-XII-1841; 11, 17 y 27-I, 14, 17 y 24-II, 2, 10 y 21-III, 1, 5, 22 y 28-IV, 7, 12, 23 y 31-V, 5, 12 y 21-VI, 9 y 21-VII, 13 y 18-VIII, 18 y 24-XII-1842; 24-I-1843.
64. *Ibidem*, 30-VII-1840, 21-XII-1841 (la última noticia se refiere al corresponsal en el Bajo Aragón).
65. *Ibidem*, 21-I-1843.

corresponsalías, que probablemente no iban más allá del envío de cartas. En ocasiones, las noticias publicadas se referían al ámbito internacional.

Como ocurrió con *El Novicio,* también en este caso los boletines oficiales copiaron abundantemente noticias del *Eco de Aragón*: las hemos encontrado en los de Cáceres, Guadalajara, Logroño, Orense, Santander, Segovia y Soria.

Por otra parte, la redacción del *Eco de Aragón* fue también lugar para la suscripción a otros periódicos, como hemos podido comprobar en el caso de *El Cordobés*[66]. Por tanto, el ámbito geográfico de distribución del periódico era muy amplio, ya que, además de los lugares de suscripción, era frecuente la llegada de cartas de otras poblaciones.

La intervención de Martínez de la Rosa contra el Eco de Aragón *en el Congreso de los Diputados*

El 21 de diciembre de 1838 el presidente del Consejo de Ministros, Francisco Martínez de la Rosa, habló en el Congreso de los Diputados sobre la situación de estado de sitio en la que se encontraban ocho provincias y de los acontecimientos que recientemente habían tenido lugar en Valencia. En este contexto, leyó unos párrafos publicados en el *Eco de Aragón* el día 15, criticando las palabras "liga ó confederación" y el que se llamasen "antiguos reinos" a lo que ya eran provincias según

---

66. *El Cordobés*, prospecto, 23, 27, 30-I, 3 y 6-II-1841. También podía servir a otros objetivos: en diciembre de 1841 se anunciaba que con ese número se repartía gratis a los suscriptores una *Memoria sobre el cultivo de las moreras y otras plantas* (*Eco de Aragón*, 9-XII-1841).

la Constitución, porque en su opinión se oponía a la unidad de la monarquía:

> La liga ó confederacion de los tres antiguos ó fuertes reinos de Aragon, Valencia y Múrcia, establecida ya de hecho nos hace presentir los más halagüeños resultados, y quizá no está lejos el dia en que nos demos el parabien de haber conservado nuestras venerandas leyes del cercano naufragio que amenazaba: mientras dure esta noble y leal demanda, todos formamos un solo reino; todos pertenecemos á una sola familia; la conformidad de opiniones nos ha reunido, y la desgracia nos ha hermanado tan estrechamente, que unidos participamos del sentimiento y alegría que quepa á cada ciudadano de este vasto territorio; juntos pereceremos en la lid si necesario fuere, y juntos gozaremos del triunfo: y ¡ay del menguado que intente desunirnos!

> [...]

> Guiados de estos mismos principios, propondremos á nuestras superiores autoridades una idea que llevada á cabo debidamente podria con más facilidad completar nuestro movimiento. Debiera instalarse una junta ó diputacion general compuesta de un individuo de cada diputacion de éstas ocho provincias, presidida por el general en jefe ó un delegado suyo; esta diputación general debiera establecerse en un punto céntrico de nuestras operaciones; y las Diputaciones respectivas podrian comunicar á la general, por medio de sus representantes en la misma, cuantos datos y noticias creyesen convenientes, y entonces, conocedora la junta general de los recursos de cada provincia, podría detallar mejor el tanto con que debiera contribuir cada una de ellas.

Ante esta propuesta, Martínez de la Rosa se indignó y afirmó: "Esto que se propone ¿son otras nuevas Córtes? Hay en España principios contra principios, bandera contra bandera, un Pretendiente contra una Reina legítima, ¿y se quiere además una especie de Córtes en Aragón, en contraposicion á las que aquí se hallan legítimamente reunidas, representando á la Nacion entera?...". Y siguió leyendo:

> Mientras duren las actuales circunstancias, no debemos cesar en la senda grandiosa que hemos trazado; todos nuestros esfuerzos deben dirigirse únicamente á combatir las facciones con nuestros propios recursos, sin contar con los que debieran venirnos de otras provincias, si rigiesen esta desventurada Nacion

los hombres que designa la opinion pública; pero por desgracia la mayoría de los que recientemente han subido al poder, tampoco merece la confianza pública, y por consiguiente, nada bueno podemos esperar de tales mandarines.

A partir de estas afirmaciones, Martínez de la Rosa señaló que

> Apenas se habian sentado los Ministros en esos escaños, cuando ya la eleccion libre, espontánea de la Corona, era vilipendiada. Es decir, señores, que mientras nosotros respetamos esa prerogativa de la Corona en la libre eleccion de sus Consejeros, mientras nosotros respetamos á éstos como depositarios de la suprema autoridad, en la capital de Aragon se les insulta y vilipendia. Señores, ese Eco de Aragon es el eco de lo que sucede en Valencia, y estas voces son las que han de hacer al Gobierno de S.M. desplegar toda su fuerza para reprimir como es debido tales atentados. El Gobierno, para obrar así no encontrará la menor resistencia: ¿y quién osará contrarestar á un Gobierno que se presente con la confianza de la Corona y con el apoyo de los Cuerpos Colegisladores?

> Señores, no nos basta ser fieles á la Constitucion que hemos jurado; hemos jurado tambien hacerla guardar. Lo hemos jurado la faz de la Nacion, al pié de ese Trono, con la mano puesta sobre los Santos Evangelios. Así lo hemos jurado, y sabremos cumplirlo[67].

En la siguiente sesión intervino Joaquín Íñigo, diputado por la provincia de Zaragoza, que criticó las afirmaciones de Martínez de la Rosa de que en las provincias del antiguo reino de Aragón se advertía cierta tendencia a la "emancipacion del resto de la Nacion", lo que, en su opinión, no podía deducirse del artículo y le acusó de haber leído únicamente los párrafos que podían corroborar su idea[68]. No era el presidente del Consejo de Ministros el único que habría malinterpretado lo dicho en el *Eco de Aragón*. Al día siguiente de la publicación del artículo antes comentado, este se había apresurado a aclarar que

---

67. *Diario de Sesiones de las Cortes. Congreso de los Diputados*, sesión del 21 de diciembre de 1838.
68. *Ibidem*. Una reseña de la intervención en el *Eco del Comercio*, 23-XII-1838.

Por si acaso espíritus traidores de interpretar nuestro artículo de ayer, debemos manifestar que el movimiento de estos reinos únicamente tiende á defender la Constitucion de 1837 y el Trono de Isabel II; para lo que estamos dispuestos á sacrificar nuestras vidas, así como tambien en contra de todos los que bajo mentidos principios tiendan á malograr el tiempo, parto de aquellos objetos; para esto únicamente nos uniremos siempre los tres reinos, y por si acaso quisieren dar otra inteligencia al citado articulo. nos ha parecido adelantar esta manifestacion[69].

Martínez de la Rosa se vio obligado a explicarse y a decir que no había afirmado, y ni siquiera había pensado, que la antigua Corona de Aragón estuviera animada a separarse de la nación española. Íñigo le dio las gracias por las explicaciones y la cuestión quedó cerrada en sede parlamentaria. Sin embargo, el *Eco de Aragón* replicó el 29 de diciembre con dos artículos, en los que acusaba a Martínez de la Rosa de haber inventado la supuesta creación de las Cortes de Aragón y defendía su derecho a criticar al Gobierno[70].

Conflictos y enfrentamientos

Como había ocurrido en el caso de *El Novicio*, la prensa recogió numerosas críticas a los artículos publicados en el *Eco de Aragón*, sin que podamos saber si este concedía el derecho de réplica a quienes lo criticaban o si, por el contrario, estos se veían obligados a buscar otros periódicos para dar a conocer su desagrado.

---

69. *Diario de Sesiones de las Cortes. Congreso de los Diputados*, sesión del 21 de diciembre de 1838.
70. Reproducidos por el *Eco del Comercio*, 2-I-1839.

En enero de 1839 se incluyó una crítica por la publicación de un artículo cuyo objeto era disminuir el mérito del coronel Andrés de Eguaguirre en la acción que tuvo lugar el 5 de septiembre en las inmediaciones de Tamarite de Litera y Alcampel, para lo que el *Eco* ensalzó a otro de los participantes[71]. Ese mismo mes, el *Eco* respondió a *La España*, a cuyo corresponsal criticó como perteneciente "á la clase desafecta que ha sentido el peso de las determinaciones justas de la junta de represalias"[72]. Pero el enfrentamiento de mayor tono fue el que tuvo lugar en febrero de 1839 con el diario madrileño *Nosotros*, que al criticar un artículo del *Eco* señala:

> El articulo del Eco de Aragón es en compendio la doctrina de los terroristas franceses. Soberanía popular, en el sentido de fuerza popular: hacer sinónimas las voces rey y tirano: unir á la idea de la libertad la de la matanza; y cifrar en el puñal la ventura de los pueblos: estos son los principios del tal escrito.

> [...]

> Pero no bastaba al articulista con preconizar en desaliñado estilo y groseras frases sus dogmas de tigre, ha querido además mancharse, para que nada le falte, con la nota de profundamente ingrato, y lo ha conseguido como lo deseaba.

> La augusta reina gobernadora, cuyo nombre parece que no debiera salir jamas de nuestros labios sino acompañado infinitas bendiciones, no ha podido libertarse de los tiros de la pluma del escritor energúmeno, la amnistía que abrió las puertas de la patria á centenares de españoles injustamente proscritos, no fue un acto espontaneo del real ánimo, sino una medida dictada por las circunstancias; la marcha liberal que muy pronto emprendió el gobierno de S.M. se ha debido á la necesidad que tuvo la reina madre de formar un partido para sostener la corona en las sienes de Isabel II que llegó al trono sin prestigio ni gloria, ni prenda alguna de estabilidad. Todo esto se dice en el artículo, y sin embargo se pretende, tambien en él, que no hay libertad en España![73]

---

71. *Diario de Barcelona*, 5-I-1839.
72. *Eco del Comercio*, 15-I-1839.
73. *Nosotros*, 5-II-1839. Una crítica anterior en *Nosotros*, 23-I-1839.

La acusación ya estaba lanzada: la política del *Eco de Aragón* no era otra que la de los terroristas franceses. Desde ese momento, menudearon las críticas. En marzo, el *Eco* se pronuncia contra cualquier acuerdo con los carlistas y declara traidor a quien quiera llevarlo a cabo, lo que critica *El Correo Nacional*[74]. En abril, *El Piloto* señala que el *Eco* defendía un sermón del canónigo Policarpo Romea[75], "pues el sermón parece predicado por algún redactor del mismo periódico, y no disonaría como artículo de fondo en sus columnas [...]. Los liberales por el estilo de los redactores del periódico zaragozano, no permiten ni un aliento de libertad en quienes le son opuestos"[76].

La ruptura

Tal como estaban las cosas, era inevitable que en el seno de la redacción del *Eco de Aragón* estallase la división entre un sector moderado y otro radical: esta división sería fundamental para el futuro de Foz como periodista.

El 30 de junio de 1839 el *Eco del Comercio* señaló que desde hacía un mes habían visto cambios en el *Eco de Aragón*, en cuyos escritos sobre elecciones habían creído observar la mano indirecta del Gobierno (lo que podría interpretarse como un efecto de la separación de parte

---

74. *El Correo Nacional,* 19-III-1839.
75. Policarpo ROMEA, *Discurso histórico-fúnebre que en las solemnes exequias por los héroes de Zaragoza del 5 de marzo de 1838, celebradas... en el santo templo metropolitano de nuestra Señora del Pilar, pronunció ___,* Zaragoza, Imp. de Roque Gallifa, [1839].
76. *El Piloto,* 4-IV-1839.

de la redacción y de la aparición de *El Aragonés*). El *Eco* respondió a la afirmación el 4 de julio, lo que a su vez provocó una nueva respuesta[77].

El 22 de julio, el *Eco del Comercio* anuncia la publicación en Zaragoza del diario *El Aragonés*, que se había iniciado el 1 de junio. "Sus doctrinas políticas serán las mismas que se espusieron en el prospecto del *Eco de Aragón*, de cuyas columnas se separaron hace tiempo la mayor parte de los que escribían en él". Por tanto, lo que se proponía el nuevo diario era seguir la línea original del *Eco de Aragón*, y los nuevos derroteros por los que ahora discurría este era la causa que había motivado la separación de parte de sus redactores[78]. Efectivamente *El Aragonés*, cuya redacción estaba en el número 7 del Coso, comenzó a publicarse en esa fecha, pero su vida parece haber sido breve, ya que no tenemos noticia de que se prolongase más allá del mes de noviembre[79].

Tras un periodo de relativa calma, el 4 de marzo de 1840 era el mismísimo general Espartero quien criticaba al *Eco* desde las páginas del *Diario de Barcelona*, por haber afirmado que acogería con agrado una felicitación que le dirigió la Muy Ilustre Orden Protectorado Español de la Dignidad e Independencia Peninsular, que era una sociedad secreta[80]. Al no haberse conservado ejemplares del *Eco* no sabemos si este publicó la rectificación de Espartero. En junio de ese año el conflicto fue con Alejandro Oliván por un discurso pronunciado en el Congreso de los Diputados[81], y otro con *El Correo Nacional*[82].

---

77. *Eco del Comercio*, 30-VI, 7-VII-1839.
78. *Ibidem*, 22-VII-1938.
79. *El Correo Nacional*, 5-VI-1839; *El Guardia Nacional*, 16-VI-1839; *Eco del Comercio*, 17-XI-1839.
80. *Diario de Barcelona*, 4-III-1840.
81. La respuesta de Oliván se publicó en *El Correo Nacional*, 20-VI-1840, y fue reproducida parcialmente en el *Diario Constitucional de Palma*, 16-VII-1840.
82. *El Correo Nacional*, 26-VI-1840, en parte reproducida en el *Diario Constitucional de Palma*, 17-VII-1840.

Una redacción que no era unipersonal

Aunque no sabemos desde qué momento Foz quedó como único autor de los artículos de fondo (lo que hoy llamaríamos editoriales), tuvo que ser tras la ruptura de la redacción. El primer número conservado del *Eco de Aragón*, publicado el 1 de agosto de 1840, incluye una advertencia, cuyo contenido ha sido repetido en numerosas ocasiones:

ADVERTENCIA

El crédito de nuestro periódico (tal cual sea) habia servido hasta ahora á la vanidad de algunos que se decían sus redactores colaboradores nuestros; pero no pasaba de esa vanidad: ahora ha servido ya para mas; se ha tomado dinero Con nuestro crédito y solo diciéndose colaboradores del *Eco de Aragon*, lo cual si nos puede lisongear por una parte, y si tenemos que agradecer á los *engañados* la opinion que tienen de nosotros, por otra nos ha irritado la temeridad y malicia de los *engañadores*. Sépase pues que en el *Eco de Aragon* solo trabaja un hombre; que no tiene colaboradores ni ausiliadores; y que el que se presente con este título es un impostor. En los diez dias que por marzo último estuvo ausente el redactor se previno al público y se publicaron tres solos artículos agenos; en otros tanto que últimamente ha salido de esta capital, ha enviado siempre el art. de fondo y no ha faltado diariamente en el periódico: ni consentirá que jamas ocupen el lugar de sus escritos los de otro, por escarmientos grandes que ha recibido de la experiencia. Valga lo que valga el *Eco de Aragon*, como ya se advirtió no ha mucho tiempo, todo es obra de su único redactor = Braulio Foz[83].

Pero la ausencia de la redacción se repitió, y a pesar de ello el *Eco de Aragón* siguió apareciendo. El 19 de octubre de 1841 publicaba un breve en el que señalaba que "desde hoy vuelve á encargarse de este periódico su redactor don Braulio Foz, viéndose restituido a esta ciudad desde una ausencia de cerca de cuatro meses".

---

83. *Eco de Aragón*, 1-VIII-1840.

A pesar de estas ausencias el periódico siguió publicándose. Aunque Foz afirma que era su único redactor, había más participantes en la elaboración del *Eco de Aragón*. Además de lo que hoy llamaríamos artículo editorial, el periódico contenía numerosas informaciones (algunas remitidas por los lectores y otras de carácter oficial) y anuncios, que se publicaban estuviese o no Foz en la ciudad. Al parecer, esta información la añadían los operarios de la imprenta. En mayo de 1841 los de la del *Eco de Aragón* tuvieron un enfrentamiento con los de *La Sensatez*, porque estos últimos habían tenido que asistir a una parada de la Milicia Nacional, por lo que solo habían podido imprimir medio número, mientras de los del *Eco* también habían asistido, pero habían publicado el número completo[84]. A pesar del orgullo que manifestaban, al año siguiente fue el *Eco de Aragón* el que solo pudo publicar la mitad de las páginas[85].

Los artículos de esta época se ocupan de todos los temas de actualidad desde una perspectiva liberal exaltada, defendiendo la libertad de imprenta[86] y pronunciándose en contra de la creación en Zaragoza de una asociación pública patriótica, que se considera innecesaria[87]. También se publican numerosos artículos con alusiones a la historia y a los Fueros de Aragón[88], y Foz es especialmente crítico acerca de la división territorial de Javier de Burgos, que había dividido a Aragón en tres provincias[89]. Cuando hace referencia a esta división es cuando más se exalta, afirmando que "en oyendo Aragon, todos los

---

84. *Ibidem*, 8-V-1841.
85. *Ibidem*, 6-III-1842.
86. *Ibidem*, 25-X, 9-XII-1840.
87. *Ibidem*, 28 a 31-VIII-1840.
88. Sobre estas cuestiones, Eloy FERNÁNDEZ CLEMENTE, *op. cit.*
89. *Eco de Aragón*, 23 a 25-III-1842, 7 y 9-VI-1841, 15 y 16-V-1842.

aragoneses se exaltan, ora se diga que extranjeros nos han invadido, ora se anuncie una justa resistencia a la opresión o tiranía"[90].

La defensa de la unidad de Aragón la expresa con especial claridad tras la constitución de la Junta Superior Gubernativa de Zaragoza, el 6 de septiembre de 1840. Tres días más tarde, en un artículo referido a las juntas gubernativas propone que las de Huesca y Teruel nombrasen dos miembros de cada una para que se incorporasen a la de Zaragoza, "porque conviene mucho que Aragon esté unido, que Aragon para este efecto sea un reino y un reino solo, y no tres provincias, que los aragoneses formen todos una sola familia, un cuerpo, con una sola cabeza. El nombre de Aragon suena muy alta [sic] en el mundo, y espanta á nuestros enemigos, que mas de una vez han dicho que no se debia hablar de Aragon; que esto habia acabado, etc."[91]. El 30 de septiembre de ese mismo año afirmaba que "sea v.gr. la Junta de Zaragoza la Diputacion del reino de Aragon, aquella antigua diputacion que representaba al reino y velaba en los intereses del mismo, y no se oponia a los oficiales del rey ni agentes del gobierno en nada"[92]. Poco antes, el 12 de septiembre de 1840, en un artículo titulado «La justa causa» hacía una llamada a los aragoneses: "esta es la justa causa. Aragoneses, á las armas en defensa de nuestros fueros, que ahora son la Constitucion y los derechos que nos han querido arrebatar"[93].

---

90. *Ibidem,* 7-VI-1841.
91. *Ibidem,* 9-IX-1840.
92. *Ibidem*, 30-IX-1840.
93. *Ibidem*, 12-IX-1840. Sobre el mismo tema, *Ibidem*, 15 y 29-IX-1840.

El 16 de octubre de 1840 el *Eco* publicó un documento titulado «Casamiento de María Cristina con Don Fernando Muñoz». En él se relataba que la viuda de Fernando VII, María Cristina de Borbón-Dos Sicilias, regente de España en nombre de su hija Isabel II, apenas dos meses después de haberse quedado viuda se había prendado del guardia de corps Fernando Muñoz. El 18 de diciembre de 1833 la regente había viajado con él a la hacienda de Quitapesares, cerca de San Ildefonso, sin dama de compañía. Apenas diez días después, había contraído en secreto matrimonio morganático con él. El 16 de noviembre de 1834 habría dado a luz a una hija, Gertrudis Magna Victoria; en otoño de 1835 a un varón y a mediados de abril de 1838 había tenido un aborto (estos últimos datos son incorrectos, pero cuando se publicó el artículo habían tenido ya varios hijos). Como conclusión afirmaba que, evidenciado el casamiento, su incapacidad para ser tutora y regente estaba a la vista, ya que no podía tener en guarda la hija del primer matrimonio[94].

El 19 de octubre publicó otro artículo titulado «Averiguación justa y necesaria», en el que acusaba a los ministros de la realización de varios actos ilegales:

> Primero: Por la estraccion de las alhajas de los establecimientos públicos de la nacion, pues fue cosa muy escandalosa. Segundo: Por el destino que se ha dado á los caudales de la nacion. Tercero: Por haber suprimido periódicos contra la ley. Cuarto: Por haber perseguido arbitrariamente á muchos ciudadanos. Quinto: Por haber osado presentar aprobar proyectos de ley contra los derechos políticos y positivos de los españoles; entre otros el de la nueva ley electoral, pues ni el

---

94. *Ibidem*, 16-X-1840.

gobierno ni él senado podian hacerlo no habiéndose pedido poderes especiales para ello[95].

La publicación de ambos artículos llevó el promotor fiscal del juzgado segundo de primera instancia de la ciudad, José del Campo, a presentar sendas denuncias contra el *Eco*, al considerar el primero como contrario a las buenas costumbres y el segundo como incitador a la violencia o subversivo. El 13 de noviembre, de acuerdo con la ley de imprenta, los jueces de hecho declararon por unanimidad que no había lugar a la formación de causa por el segundo de los artículos y una semana más tarde hicieron lo mismo con respecto al primero[96]. El 15 de noviembre el *Eco* se refirió al segundo de los artículos y criticó al promotor fiscal[97].

En enero de 1841 se produjo otro enfrentamiento con la Universidad, ya que el rector se consideró injuriado por un artículo de Eusebio de Ortuño, por lo que lo denunció[98], y ese mismo mes el *Eco* inició un debate, criticando al articulista del *Diario*[99].

El enfrentamiento con La Sensatez

Ya nos hemos referido antes al enfrentamiento con *La Sensatez*. Este periódico se comenzó a publicar en Zaragoza el 3 de mayo de 1841. A los pocos días de hacerlo el *Eco de Aragón* se declaró abiertamente

---

95. *Ibidem*, 19-X-1840.
96. *Gaceta de Madrid*, 13-XII-1840. Contiene una errata al referirse a la fecha en que se declaró que no había lugar a la formación de causa por el segundo de los artículos, que sitúa el 19 de noviembre. La información del primero de ellos la copia el *Eco del Comercio*, 14-XII-1840.
97. *Eco de Aragón*, 15-XI-1840.
98. *Ibidem*, 23 y 25-I-1841.
99. *Ibidem*, 30-I-1841.

contra él, llegando a calificarlo de indecente. Cuando publicó un artículo sobre el Gobierno y el regente, el general Espartero, el *Eco* le acusó de hablar mal de este, lo que motivó que algunas personas diesen una cencerrada a la puerta de su casa, donde se quemó el periódico y una efigie de su redactor: eran los medios habituales que revestía la protesta en la época.

Al día siguiente, este publicó un comunicado diciendo que no creía que corriese peligro el hijo de un patriota muerto en 1830, al regresar del extranjero, por solicitar las libertades patrias[100].

Como ya hemos dicho, el enfrentamiento no era únicamente con la línea editorial del nuevo periódico, sino con la imprenta en que se editaba. Según los operarios de la imprenta del *Eco*, solo dos de los de *La Sensatez* pertenecían a la Milicia Nacional de la Ley (la obligatoria); otro era sordomudo, recién llegado de Madrid, y otro había sido cajista en la imprenta del *Eco* y se fugó en 1837 a las filas carlistas, llevándose consigo un caballo alquilado[101].

Estos hechos motivaron el rápido cierre de *La Sensatez*, probablemente el 5 de junio[102]. Según el *Eco*, el día anterior se le presentaron varios jóvenes literatos, de los que se pudiese creer que habían participado en la redacción, a los que creyeron cuando afirmaron que no habían escrito ni una línea en él.

100. *Eco de Aragón*, 3-VI-1841; *El Católico*, 8-VI-1841; *El Correo Nacional*, 8-VI-1841.
101. *Eco de Aragón*, 18-V-1841.
102. *El Correo Nacional*, 7-VI-1841; *Eco de Comercio*, 11-VI-1841; *Eco de Aragón*, 16 a 18-VI-1841.

Despedida de Foz y abandono del periodismo

El 25 de octubre de 1842, Foz escribe que ha estado ausente durante un mes, en el que no ha enviado ningún artículo al periódico, y todos los publicados son ajenos (otra muestra de que, a pesar de ser el único "redactor", eran habituales las colaboraciones ajenas). Lo declaraba para que nadie le pidiese cuenta de lo que no había escrito, como había sucedido en otras ocasiones. De sí mismo, escribe

> Que un escritor público luche con grandes y casi invencibles dificultades, mucho es; que arriesgue su vida despues de abandonar el cuidado de su suerte, es mucho mas; y hacer esto sin esperanza casi de ser útil á quien se propone serlo, que es a la nacion, que es al pueblo, raya casi en locura: pero que arriesgue su opinion, que la sostenga y defienda en un tiempo en que por varias causas hemos llegado a un punto en que casi se puede decir que no hay opinion que no parezca irracional por alguna parte, este no tiene calificación[103].

Sin embargo, los continuos enfrentamientos y las críticas –especialmente las dirigidas al Gobierno– no dejaban de crear problemas al *Eco*. El 26 de diciembre, el *Diario Constitucional de Zaragoza* incluía una crítica al artículo que Foz había publicado tres días antes, acusándole de escribir en nombre de Aragón y de las contradicciones de sus opiniones.

El último enfrentamiento fue la respuesta que Foz dirigió a un artículo publicado por el madrileño *El Castellano* el 12 de diciembre de ese año. En la respuesta, dividida en cuatro partes, de las que la primera fue publicada el 26 de diciembre, hay referencias a las Alteraciones de Aragón y a la invasión del Reino por el ejército castellano en

---

103. *Eco de Aragón*, 25-X-1842.

1591[104], pero nada diferente de lo que el propio Foz había escrito en otras ocasiones. Sin embargo, esta publicación fue el detonante de su abandono como redactor del periódico. Su despedida tuvo lugar en la edición del 28 de diciembre:

Declaración.

Han triunfado mis enemigos, les doy la enhorabuena. Pero los que no se hayan puesto de su lado, sírvanse leer estos renglones.

Anoche me mandó un recado cierta persona á quien respeto mucho, para que me llegase hoy temprano por su casa: he ido, me ha hecho ciertas reflexiones, y no estando yo conforme con ellas, y si habiéndose él conformado con las mias, ha convenido en que tenia yo razon en seguir mi parecer, que era el de dejar de escribir en este periódico, y que el impresor mudase ó no mudase el título que no le dí en su origen, como dueño que este es de él y segun convenga á sus intereses.

La persona a la que hace referencia no pudo ser otra que el editor del periódico, Roque Gallifa. Foz continúa, copiando una declaración a su favor de *El Constitucional Aragonés*, de Teruel, partidario del Gobierno. Prosigue:

Coincidiendo pues la conjuración de los articulistas del *Diario* con mi propio deseo y determinación de retirarme de la arena periodística (al menos por ahora), y teniendo el parecer de los amigos consultados antes de este incidente, dejo de escribir desde este dia en el *Eco de Aragon*. No contestaré a mis enemigos por motivos que no tengo necesidad de decir y que no se ocultarán al público zaragozano; baste decir que no se ha atacado con razones.

Pero esto no debe perjudicar a otra causa; en discurso en defensa de los antiguos aragoneses quiero concluirle, y dejar vindicada su buena memoria contra el periódico que lo ha ultrajado.

Sea pues una y muchas veces enhora buena [sic]: dejo de escribir, dejo de redactar el *Eco de Aragon*; pero con la satisfaccion de haber recibido un testimonio tan señalado como el del periódico de Teruel, y con la gloria de un

---

104. *Ibidem*, 26, 27, 29 y 30-XII-1842.

patriotismo reconocido de todos, tanto enemigos como amigos (menos de mis pocos enemigos en Zaragoza) cuyas últimas palabras, pero pronunciadas sin afectación ni mas impulso que es celo por la gloria de un pais, han sido: DEFENSA DE LOS ARAGONESES.= Braulio Foz[105].

Sin embargo, la causa del abandono de Foz parece haber sido distinta. El 13 de noviembre se había iniciado en Barcelona una insurrección contra Espartero, cuando se supo que el Gobierno iba a firmar un acuerdo con el Reino Unido que rebajaría los aranceles de los productos textiles, lo que hundiría la industria algodonera de Cataluña. A la insurrección se sumaron los milicianos nacionales. El Gobierno hizo ocupar el ayuntamiento y detener a varios periodistas de *El Republicano*. Al día siguiente, la comisión que pedía su libertad fue encarcelada. La insurrección fue subiendo de tono, enfrentando a los milicianos y a una parte de la población con el ejército, y se creó una junta revolucionaria. En los disturbios murieron 42 militares y otros 182 fueron heridos.

El 22 de noviembre Espartero llegó a Barcelona y ese día el capitán general, Antonio Van Halen, que se había refugiado en el castillo de Montjuic, anunció que la ciudad sería bombardeada desde allí si en 48 horas no se rendían los sublevados. Al negarse a recibir a una segunda junta, más moderada y dispuesta a negociar, se creó otra dominada por los republicanos y dispuesta a resistir. El 3 de diciembre comenzó el bombardeo de la ciudad, que causó 20 muertos y la destrucción de numerosos edificios. La ciudad fue ocupada por el ejército. Tras la rendición, se desarmó a la Milicia

---

105. *Ibidem*, 28-XII-1842. Sobre el abandono de Foz de la redacción del *Eco de Aragón*, Eloy FERNÁNDEZ CLEMENTE, *op. cit.*, pp. 46-47. José Luis Calvo se refiere al incidente, pero solo a partir de lo publicado en el *Eco de Aragón* (José Luis CALVO CARILLA, *op. cit.*, pp. 32-33).

Nacional, y hubo fusilamientos y numerosas detenciones. Más tarde, se impuso a la ciudad una contribución extraordinaria para el pago de indemnizaciones a los militares muertos o heridos. En los primeros días de la sublevación, la actitud del *Eco de Aragón* fue muy prudente, pero en los siguientes publicó numerosas noticias y opiniones en contra del ejército y el Gobierno[106]. Uno de los artículos más duros fue el del 12 de diciembre, en el que proponía que se abriese una causa contra Van Halen y Gutiérrez por no haber previsto los acontecimientos, y pedía que se les aplicase la ordenanza militar, exponiendo su opinión como si fuese la del pueblo de Zaragoza.

A partir de este momento, el *Diario Constitucional de Zaragoza* emprendió una dura campaña contra Foz. Al día siguiente, Valero Ortubia hizo llegar a la redacción del *Diario* un escrito de respuesta que, por causas que la propia redacción desconocía, no se publicó hasta el día 20 de ese mismo mes. En él se criticaba a Foz por presentar la voluntad propia como la de todos los zaragozanos[107]. Foz respondió al día siguiente afirmando que Ortubia no había leído la ordenanza militar o no quería que se observase[108].

Pero la cuestión no estaba en la aplicación o no de la ordenanza militar, sino en el tono de los artículos de Foz. El 22 de diciembre Saturnino Pintor se mostraba de acuerdo con Ortubia en las páginas del *Diario Constitucional de Zaragoza*, y al día siguiente hacía lo mismo Crispín Amezaga[109]. Foz respondió los días 23 a 25 del mismo mes,

106. *Eco de Aragón*, 24 a 29-XI; 1 a 16, 18, 20, 21, 23 a 26-XII-1842.
107. *Diario Constitucional de Zaragoza*, 20-XII-1842.
108. *Eco de Aragón*, 21-XII-1842.
109. *Diario Constitucional de Zaragoza*, 22 y 23-XII-1842.

siempre refiriéndose exclusivamente al cumplimiento de la ordenanza militar[110].

El 25 de diciembre fue nuevamente Pintor quien se mostró en contra de que Foz continuase afirmando –vociferar es la palabra que emplea– "esto quiere Zaragoza". Insiste también en que quienes lo critican no discrepan de que se abra causa por la actuación del jefe político de Barcelona, sino del papel que se arrogaba Foz[111]. Otro artículo sobre el mismo tema fue publicado el 26 de diciembre, firmado por El Domine Lucas[112].

El desenlace llegó al día siguiente, cuando se publicaron otros dos artículos. El firmado por Ramón Crespo insistía en las opiniones ya expresadas por los anteriores. El otro se debía al iniciador del debate, Valero Ortubia, y fue demoledor para Foz. Este dudaba de que quienes le criticaban fuesen liberales. Ortubia se limitaba a exponer sus actuaciones. En 1834 estuvo persiguiendo a la facción carlista en el Bajo Aragón, a las órdenes del comandante Lorenzo Cerezo, y luego marchó al socorro de Cariñena. En 1836 estuvo durante cuatro meses movilizado en las Cinco Villas. El 5 de marzo de 1838 luchó en el mercado de Zaragoza cuerpo a cuerpo contra los carlistas y contribuyó a la captura de 31 prisioneros. Ese mismo día disparó la batería de Santa Engracia contra la caballería carlista y atacó el cañón enemigo. Ortubia se preguntaba dónde estaba Foz mientras él realizaba estas acciones[113].

110. *Eco de Aragón*, 23, 24 y 25-XII-1842.
111. *Diario Constitucional de Zaragoza*, 25-XII-1842.
112. *Ibidem*, 26-XII-1842.
113. *Ibidem*, 27-XII-1842.

Fueron estas críticas la que hicieron mella en la posición de Foz. El 31 de diciembre *El Constitucional*, de Barcelona, y *La Posdata*, de Madrid, se hacían eco de su dimisión. Este último publicaba una noticia tomada de *El Peninsular*, firmada en Zaragoza el mismo día 28, en la que se afirmaba que había dejado de escribir "porque la pandilla San Miguelista y ayacucha[114], ha dado contra él porque puso un artículo en el cual decía, que á Van-Halen y Gutierrez era preciso someterlos á un consejo de guerra para que fallase sobre la conducta observada por ambos en los sucesos de Barcelona" (esta afirmación fue copiada por el madrileño *El Castellano*, el 2 de enero de 1843; y por *El Centinela de Aragón*, de Teruel, al día siguiente). También afirmaba que se había encargado de la redacción José María Ugarte, jefe político que había sido de Huesca, lo que probaba que había sido una conspiración para establecer en Zaragoza un periódico afín a Espartero.

Por su parte, *El Castellano* afirmaba el 2 de enero que la causa de la dimisión de Foz es que no había adulado al Gobierno por su conducta en los acontecimientos de Barcelona. Finalmente, Valero Ortubia cargaba de nuevo contra él en la edición del *Diario Constitucional de Zaragoza* del 11 de enero.

A pesar de la salida de Foz, el *Eco de Aragón* se siguió publicando, pero no sabemos hasta cuándo. Aunque Eloy Fernández y Carlos Forcadell afirman que desapareció en 1843[115], siguió apareciendo al menos hasta el 15 de enero de 1844[116].

---

114. Los términos hacen referencia al general Evaristo Fernández de San Miguel y a los partidarios de Espartero, varios de los cuales habían participado en la batalla de Ayacucho.
115. Eloy Fernández Clemente y Carlos Forcadell, *Historia de la prensa aragonesa*, Zaragoza, Guara Editorial, 1979, p. 40. El último número conservado es del 30 de junio de 1843.
116. El *Diario de Segovia* de 14-III-1844 cita el suplemento del *Eco de Aragón* de esa fecha.

Precio de suscricion. En Zaragoza, un mes 12 reales Tres 34 En las provincias: Un mes 18 rs. Tres 50. Se suscribe en los puntos siguientes: *Madrid,* Vinda de Sono *Murcia,* Administracion de Correos: *Ecca* : Administracion de Correos : *Barbastro* **Lafta** : *Colatayud* Iacrega: *Huesca* Cistorera: *Lerida* Boix: *Tudela,* D. Francisco de Gracia: *Graus,* D Joaquia Tomas **Catalan** Logroño, Ruiz Fraga, D Simon Aznar *Barcelona,* Indar y Sauri: *Teruel,* Zarmso.

ADVERTENCIA.

El crédito de nuestro periódico (tal cual sea) había servido hasta ahora á la vanidad de algunos que se decían sus redactores colaboradores nuestros; pero no pasado de esa vanidad: ahora ha servido ya para mas; se ha tomado dinero con nuestro crédito y solo diciéndose colaboradores del *Eco de Aragon,* lo cual si nos puede lisongear por una parte, y si iremos que agradecer á los *engañados* la opinion que tienen de nosotros, por otra nos ha irritado la temeridad y malicia de los *engañadores.* Sépase pues que en el *Eco de Aragon* solo trabaja un hombre; que no tiene colaboradores ni ausiliadores; y que el que se presente con este título es un impostor. En los diez dias que por marzo último estuvo ausente el redactor se previno al público y se publicaron tres solos articulos agenos; en otros tantos que ultimamente ha salido de esta capital, ha enviado siempre el art. de fondo y no ha faltado diariamente en el periódico: ni consentirá que jamas ocupen el lugar de sus escritos los de otro, por recarni entos grandes que se han recibido de la esperiencia. Valga lo que valga el *Eco de Aragon,* como ya se advirtió no ha mucho tiempo, todo es obra de su único redactor.=Braulio Foz.

LOS ESTRANJEROS

EN ESTA NUESTRA CRISIS.

Cuando en 1830 hizo la Francia aquel cambio tan grande en sus cosas, echando del trono al rey y toda su dinastía, y proclamando la libertad contra el espíritu de opresion que se habia manifestado, decian los realistas: van á entrar en Francia millones y millones de rusos que la arrasarán toda sin dejar en pie un solo arbol... No será ahora como cuando Luis XVI. Y nosotros nos reiamos de estas baladronadas, y á algunos de ellos les dijimos: no llame V. á los rusos ni á ninguna otra nacion contra la Francia, porque no iran. —Y si fueran?— No iran: no iran siquiera V. que lo supongamos le aseguro á V. que el dia cimientos para esta gran semana deben quedar reservados en las páginas gerundianas para mayor honra y gloria de Dios, que es el fin principal á que la Providencia encamina todo lo criado, y para la mas clara y facil intelijencia de anteriores y sucesiva capilladas.

Domingo. Sale Fr. Gerundio del reten, que á consecuencia del motin ministerial de las gafgas se habia puesto. Entra el 4.° Batallon de la milicia: santo y seña de aquel dia *S. Zacarias y Zalagarda.* En efecto habia habido una salagarda muy decente aquella noche en Barcelona. Llega á Madrid sancionada la mondanza de la discordia (álias ley de ayuntamientos.) El ministro del *sello* entona el cántico de San Zacarias en celebridad del triunfo que habia conseguido. Los joviliristas, anojn n tas ó reposicionos celebran *geusituenos* in *Tocm in imni festi.* Los aragones son pun m mi gloria, porque son los teales.

Lunes. Sale el 4.° bat tu un un volen vercero de plata d 1.°—S anto i ini ini *Pentitiros y Potritios.* Mediosos un n t n rentrado la *potistica* à los his. res muy h fron de allá; pero aun no se echa en Mudrid lle remejamente el capit u pa i el m un miesn y sin ser profeta se *tul el comy* como Cadiz, y no como San Eliav que fué á Manos. Se empieza á murmurar por el público lo de la sancion. Corrillos y mormullos. Temores en tas progresistas de que haya sido ganado el Duque de la Victoria. Compancion en unos realistas, desperacion en otros.

Martes. Amuncia Fr. Gerundio el *bosilis* de la ley de ayuntamientos de que muchos una que entre un solo soldado estrangero, en Francia, caen de sus tronos todos los reyes de Europa.

Esto dijimos fundados en el conocimiento de la opinion de los pueblos y de la fuerza que esta daria al movimiento de los franceses que de suyo eran ya bastante poderosos para hacerse respetar y aun para escarmentar á quien quiera que quisiese incomodarlos. Y esto mismo decimos ahora en la crisis en que se encuentra España, y del movimiento del pueblo en defensa de la libertad; ni un solo soldado estrangero dará un paso hacia los Pirineos contra los españoles, porque ningun príncipe de Europa está tan libre de cuidados que pueda pensar (de ese modo) en los suyos; ni pueden aliarse dos de ellos para acudir á una invasion de la península ibérica: ni aunque lo pensasen, encontrarian bastante dóciles á sus respectivos pueblos para enviar su juventud á perecer sin remedio y quedar aqui para engrosar nuestros campos. Al mariscal Bourment se atribuye una carta que corrió impresa por los años de 1830 en que se decia á los monarcas de Europa que en España dudaban. Confirmase despues con la lectura de ella en las Córtes. Anuncia ademas que se verán venir de Barcelona *bosilis* increibles, *bosilis* de que se haria cruces la gente. Los liberales se cuentan ya *cum ciliolla super tergum,* esto es con la albarda sobre las costillas.

Miercoles. Salio uno de los *bosilis* de Fr. Gerundio. Llega la noticia de la dimision del Conde-Duque. Esperanzas, temores, agitacion, y mucha *toleda.* Orden para que se examinen con la mayor escrupulosidad las capilladas de Fray Gerundio, y para que se a nida alguna espresion que pueda comprometer la suerte del ministerio, se apreste inmediatamente la autoridad en su celda y le *amagüe.* Llega tropa de Bilbao.

Jueves. Santa Nocla Magdalena, penitente. Exito la comnela, y se hace *venti* en los *besos.* Mucho agitacion y muchas paparruchas, cada uno cuenta la *nocra* à su modo, toda l. a nocra, y cada uno se reunia à otro u n d.° B r dues que ba l.ido. Fr. Gerundio un n me nn que no pudo haber contigua se mns n n la hosilo, y se va de tulas. Hun n mas tropas de Bilbao llega artillería. Cuatro insn-sentos, tiempo sun mi mani de mis Tambquen en col buelo luro i dos tulas.

Viernes. Santa Cristina templaries de la Bulsa Colaraboia. La *asilla à felicita* los *polvoros* creclurdos de artificia con *venta* y un *fen.* Feliz mi pue lo dia de S. Vin... enmesta hora en la provincia de Santiago. X la mas San publica del ayuntami uro diceu sinos pero muda todaria *bolsilo.* Solo *Tocolopu,* con

FOLLETIN.

(Del Fr Gerundio.)

UNA SEMANA GRANDE.

Minutos hay que son horas,
horas hay que dias son,
hay dias que sos semanas,
y semanas que años son (1)

Por eso es que algunos estranjeros llaman *semana grande* y los latinos *semana mayor* á l. que nosotros los castellanos llamamos *semana santa,* porque en ella tuvieron lugar tantos y tan prodigiosos sucesos, que mas que el periodo de siete dias parece representar el de uno ó mas años.

Y como la semana cuarta de julio en Madrid me fue tan fecunda en sucesos políticos que le han añadido segundo fr como una n as u ouro y la *Geran'en,* por eso tan poderidad muy non es tolo no puede menos de llamarla la *semana maxima ó semana grande.* Los caos

53

Núm. 840. Viernes 5 de Marzo de 1841.

ECO DE ARAGON.

A ZARAGOZA

EN SU DIA CINCO DE MARZO.

Alzado allá en el templo de la gloria
A Marte contemplé con aire fiero;
Al pueblo mas leal y mas guerrero
Queria ornar con lauro de victoria.

Sus páginas presenta la alma historia,
Las naciones allí del orbe entero
Muestran briosas su esplendente acero
Y citan hechos de eternal memoria.

Mas la corona el Dios toma en sus manos,
Y con grave ademan enardecido,
Interrogó á los bravos ciudadanos:

¿Cuál como Arcas se desforzada ha sido?
Vuestro sea el laurel. Zaragozanos:
Ese pueblo inmortal venció dormido.

A LOS HEROES

QUE MURIERON EL 5 DE MARZO.

Ilustres manes de sin par guerreros,
Hoy recuerda la patria vuestra gloria;
Hoy volveis á nacer en la memoria
De vuestros mas felices compañeros.

Suenen dó quiera cantos placenteros,
Páginas mil de honor os dé la historia;
Pues supisteis morir por la victoria,
A los que viven toca agradeceros.

En medio de tan triste desconsuelo
Juremos imitar su noble ejemplo,
Ufanos combatir hasta la muerte:

Himnos de gratitud suban al cielo:
Pero ante Dios postrados en el templo,
Llorar por ellos y envidiar su suerte.

El Gabinete de lectura pública

Creación del Gabinete

Las redacciones de los periódicos no eran solo lugares de trabajo, sino también de lectura de prensa. Por ejemplo, Antonio Alcalá Galiano (que más tarde sería ministro de Fomento) cuando estuvo en Zaragoza fue a la redacción de *El Novicio* a leer periódicos y vio "allí muchos de varias provincias de España, no di con el *Defensor del Pueblo*"[117].

Pero la ciudad de Zaragoza carecía de un lugar donde estos se pudiesen leer libremente. En octubre de 1836 existía en el Coso, 41, un Gabinete de lectura de periódicos nacionales y extranjeros[118], que parece haber tenido una existencia breve, ya que poco después el editor de *El Constitucional Aragonés* anunció para el 24 de noviembre la apertura de un Gabinete de lectura de periódicos, en la calle Albardería, 21 (la imprenta de Roque Gallifa), donde podrían leerse los más acreditados de Madrid y provincias y algunos franceses. Para consultarlos solo se necesitaría estar suscrito a *El Constitucional Aragonés*. El Gabinete estaría abierto siete horas al día (de 10 a 13 y de 15 a 19), excepto

---

117. *El Guardia Nacional*, 29-VI-1838. Lo copia *El Atlante*, 5-VII-1838.
118. *Diario Constitucional de Zaragoza*, 18 y 23-X-1836.

los festivos, en que solo lo estaría por la mañana (por la noche, los lectores podrían llevarse los periódicos a casa, pagando una cantidad adicional)[119]. También en este caso carecemos de noticias posteriores.

Ante el gran número de periódicos publicados, para estar informado se hacía necesaria la existencia de un mecanismo que permitiese la lectura de varios de ellos. A las anteriores iniciativas, se unió la lectura pública de periódicos, que ya estaba establecida en octubre de 1840. Los dueños del café de Gimeno permitían que los días de correo, dos o tres a la semana, se leyese la prensa públicamente en la sala más espaciosa del piso inferior, donde los jóvenes concurrían a oír la de algunos periódicos progresistas[120]. Sin embargo, el café, situado en el Coso, no reunía condiciones para la lectura de periódicos. Tanto este como otros "se caracterizaban por sus reducidas dimensiones y atmósfera pesada (debida al efecto de la iluminación con lámparas de aceite y al humo de tabaco)"[121].

Por ello, en septiembre de 1840 surgió la idea de "establecer un gabinete de lectura, reuniendo suscriptores para tener diferentes periódicos de la corte y de las provincias, leer al pueblo lo que pareciese los dias de correo ó dos veces á la semana, y que los periódicos estuviesen de correo á correo, ó de semana á semana en la mesa para aquellos de los suscriptores que gustasen de ir á leerlos entre dia, o á primera noche"[122]. A pesar de su breve existencia (apenas dos años), el Gabinete de lectura pública constituye una experiencia de gran interés, única en

---

119. *Ibidem*, 25-XI-1836. La inscripción seguía abierta el 19 de octubre (*Eco de Aragón*, 19-X-1840).
120. *Eco de Aragón*, 11-X-1840, 23-II-1841.
121. Mónica Vázquez Astorga, *Cafés de Zaragoza. Su biografía, 1797-1939*, Zaragoza, Institución Fernando el Católico, 2015, p. 37.
122. *Eco de Aragón*, 23-II-1841.

su género y distinta de todas las que se desarrollaron tanto antes como después. Se trataba de una forma de organización específica, y que constituyó un foco liberal diferente del de otros modelos asociativos de la época[123]. Foz fue uno de los promotores del nuevo Gabinete.

El núcleo fundador solicitó a la Junta Superior de Gobierno el uso del salón del antiguo convento de San Francisco, en la plaza de la Constitución, para establecer el Gabinete. Le fue concedido el 8 de octubre, hasta que las necesidades de la provincia lo destinasen a otro objeto[124]. Al día siguiente se realizó su instalación y pronunció un discurso su presidente, Joaquín Alcorisa[125]. Hubo que realizar pequeñas obras: una escalera de madera y una tribuna de obra para la lectura pública[126]. La sala, actualmente conocida como salón de bóvedas, sí que reunía condiciones para la lectura pública: tenía 55 metros de largo y 10 de ancho, y estaba formada por once crujías de 5 metros, cubiertas con bóvedas de crucería de 13,50 metros de altura[127].

El día 11 el *Eco de Aragón* informaba de su creación. El autor del artículo, casi con seguridad Foz, pensaba que su función debía ser únicamente la lectura, sin llevar a cabo comentarios ni explicaciones sobre lo leído, aunque admitía otras posibilidades[128]. La participación de Foz en este proyecto fue muy importante (aunque formó parte de

---

123. Sobre el Gabinete, Antonio PEIRÓ ARROYO, «La mitificación de Lanuza como elemento de cohesión política del liberalismo en Aragón», *Primer encuentro de estudios sobre El Justicia de Aragón (Zaragoza, 19 y 20 de mayo de 2000)*, Zaragoza, El Justicia de Aragón, 2001, pp. 111-112.
124. Archivo de la Diputación Provincial de Zaragoza (ADPZ), leg. 822, Actas de la Junta de la Provincia de Zaragoza, 8-X-1840; *Eco de Aragón*, 9-X-1840.
125. *Eco de Aragón*, 11-X-1840.
126. *Ibidem*, 4-XII-1841.
127. Carlos BRESSEL ECHEVERRÍA, «Los últimos restos del convento de San Francisco de Zaragoza», *Aragón turístico y monumental*, 365, 2008, p. 44.
128. *Eco de Aragón*, 11-X-1840. También *Diario de Barcelona*, 17-X-1840.

la junta directiva durante poco tiempo), ya que su puesta en marcha era un instrumento clave para la difusión de las ideas liberales.

Funcionamiento del Gabinete

La suscripción al Gabinete se llevaba a cabo en la librería de Gallifa (situada en la desaparecida calle de la Albardería, actualmente parte de César Augusto) y en la administración de loterías de la calle de San Gil (parte de Don Jaime I)[129]; lo que nos indica que desde el primer momento estaban integrados en el núcleo promotor el librero Roque Gallifa y el escritor (y administrador de loterías) José María Huici, que dirigiría el *Eco de Aragón* cuando este reapareciese en 1866. El 26 de octubre se aprobó el Reglamento, compuesto por 23 artículos[130]. Fue impreso por Gallifa, así como los recibos y billetes de entrada[131].

Para ser socio se exigía ser "adicto á nuestras instituciones liberales". Se establecía una junta directiva formada por un presidente, un vicepresidente, un interventor, un tesorero, dos secretarios y seis vocales, elegidos por pluralidad de votos. La duración de los cargos era mensual en el caso de presidente y vicepresidente, bimestral en el los de secretarios y vocales (que se renovaban por mitad cada mes), y trimestral en los de interventor y tesorero, pudiendo todos ellos ser reelegidos.

---

129. *Eco de Aragón*, 18, 19 y 21-X-1840.
130. *Ibidem*, 2-XI-1840.
131. *Ibidem*, 4-XII-1841. Aunque se imprimieron doscientos ejemplares del Reglamento, solo consta que se vendiesen seis (*Ibidem*, 4-II y 23-IV-1841).

La composición de la primera junta directiva era la que sigue, presidente: Joaquín Alcorisa; vicepresidente: Braulio Foz; vocales: Jacinto Utrillas, Ramón Arnés, Gregorio Monzón, Pedro Sierra, Félix Benito, Casimiro Garbayo, Telesforo Montejo, José Pérez y Gil y Roque Gallifa[132]; secretario 1.º: Hermenegildo Lambán; secretario 2.º: Antonio Carrica.

Las reuniones se celebrarían los lunes y viernes, después de anochecer, siendo abiertas y leyéndose en ellas los periódicos. Quien quisiese leer discursos propios debería presentarlos en la secretaría veinticuatro horas antes de la sesión, para su revisión por la junta. Cada socio pagaría al menos 4 reales de vellón al mes, estableciéndose un único empleado, un portero. La cantidad era muy reducida. La suscripción al *Eco de Aragón*, que apenas contaba con cuatro páginas, era de 12 reales al mes. Por la misma cantidad, los suscriptores del Gabinete podían leer varios periódicos de Madrid y Barcelona durante tres meses.

El Gabinete se abrió el 6 de noviembre[133]; siendo el horario del particular todos los días de 10 a 13 de la mañana y dos horas por la tarde, en horario variable[134]. Tres veces por semana, en horario nocturno se leía públicamente lo que señalaba el vocal de la junta que presidía el acto. Primero se leía los lunes, viernes y domingo, pero el 31 de julio de 1841 el domingo se sustituyó por el miércoles[135]. Al principio no

---

132. Actuaba también como tesorero (*Eco de Aragón*, 4-II-1841).
133. *Eco de Aragón*, 4-XI-1840.
134. Primero fue de 3 de la tarde al anochecer (en la práctica hasta las 5 de la tarde), el 23 de noviembre de 1840 se acordó que fuese de 6 a 8, y el 28 de junio de 5:30 a 7:30 (*Eco de Aragón*, 18 y 19, 21, 28 y 30-X, 1 y 24-XI-1840; 10-VII-1841).
135. *Eco de Aragón*, 10-VII y 4-VIII-1841.

había lector fijo, pero el 17 de mayo de 1841 la junta nombró para ello a Tomás Blasco[136].

La asistencia era muy numerosa. En marzo de 1841 Foz escribía que "los dias de correo se juntan allí algunos cientos de hombres, á mil, á mil y trescientos han llegado alguna vez segun nos informan [...]. La junta de gobierno (a la cual pertenecimos dos meses) trata antes ó despues de la reunión del pueblo, ó en algun otro dia, de los gastos, del estado de los fondos, de las suscripciones, en una palabra, de la parte económica"[137]. En agosto fue necesario ensanchar y pintar el gabinete particular[138]. El 6 de octubre de este mismo año, los entonces presidente y secretario, Esteban Lacasa y Hermenegildo Lambán, afirmaban que "hay ocasiones en que pasan de quinientas las personas de todas clases que se reunen [...]. El publico oye con tolerante imparcialidad las doctrinas de todos los periodicos, sean del color politico que quieran"[139]. Estas cifras eran muy elevadas, en una ciudad que en 1834 apenas tenía 37.524 habitantes[140], por lo que el Gabinete era el principal instrumento existente en la ciudad para la divulgación del pensamiento liberal.

Periódicamente se celebraban juntas generales para aprobar las cuentas y renovar la directiva. Así, sabemos de juntas celebradas los días 31 de noviembre y 28 de diciembre de 1840; 5 de febrero, 29 de marzo, 19 abril, 28 de junio y 31 de diciembre de 1841[141].

---

136. Al principio se le pagaron dos reales diarios, aumentado a tres en agosto de ese año (*Ibidem*, 10-VII y 15-XI-1841).
137. *Ibidem*, 4-III-1841.
138. *Ibidem*, 25-XI-1841.
139. *Ibidem*, 6-X-1841.
140. Elaboración propia a partir de AMZ, caja 552.
141. *Eco de Aragón*, 26 y 27-XI, 27-XII-1840; 4-II, 1 y 19-IV, 17-VI, 10-VII, 30-XII-1841; *Diario Constitucional de Zaragoza*, 1-IV-1841.

El Gabinete estuvo suscrito a numerosos periódicos. Pese a lo incompleto de la información disponible se puede constatar que lo estuvo al menos a trece periódicos, dos de Zaragoza (*Diario Constitucional de Zaragoza* y *Eco de Aragón*) y once de otras poblaciones (*El Constitucional de Barcelona* y *El Republicano,* de Barcelona; *El Cangrejo, Correo Nacional, Diario de Cortes de Madrid, Eco del Comercio, El Espectador, Fray Gerundio, Fray Junípero, Gaceta de los Tribunales, Hablador Patriota, El Huracán, El Labriego, Patriota, La Sensatez* y *El Zurriago,* de Madrid; *Campana de Toledo,* de Toledo)[142]. Todos ellos eran liberales.

El carácter del Gabinete se reforzaba por el hecho de que su entrada era la misma que la del cuartel de la Milicia Nacional[143]. Quienes se reunían a menudo en la nave del antiguo convento no olvidaron que los restos de Lanuza reposaban cerca de ellos. El 9 de noviembre de 1840 el *Eco de Aragón* publicaba una carta o artículo sin firma que proponía que se buscasen sus cenizas en el convento de San Francisco, idea que debía de ser anterior, ya que señala que algunos patriotas ya habían pensado en ello. Proponía que lo hiciese la Diputación del Reino o el Ayuntamiento de Zaragoza, levantándose un cenotafio, pirámide o estatua[144]. Efectivamente, los restos del justicia fueron encontrados en mayo del año siguiente por Esteban Lacasa, que fue regidor del Ayuntamiento en 1841-1842 y presidente del Gabinete[145].

---

142. *Eco de Aragón,* 4-II, 23-IV, 10-VII, 6-X, 15 y 25-X-1841; 23-I-1843.
143. *Ibidem,* 10-VII-1841.
144. *Ibidem,* 9-XI-1840.
145. Una detallada descripción del hallazgo fue dada por el propio Lacasa en la reunión del Ayuntamiento (AMZ, LA. 149, 15 y 22-V-1841, ff. 273r.º-v.º, 281r.º-v.º). Sobre el descubrimiento, Mariano A. Faci Ballabriga, *Crónica del Justicia de Aragón D. Juan de Lanuza V (1563/64-2000),* Zaragoza, El Justicia de Aragón, 2000, pp. 69-75.

A mediados del año siguiente, los miembros del Gabinete dieron un nuevo paso para recordar a Lanuza, ordenando a José Bueno que pintase una inscripción en su memoria y en la de otros defensores de las libertades antiguas de Aragón, que estaba flanqueada por dos faroles construidos por el hojalatero Rafael Ortigas[146].

Los suscriptores eran apenas 102 en octubre de 1840, pero desde entonces su número fue en aumento: 131 en noviembre de ese año, 133 en diciembre, 143 en enero de 1841 y 154 en febrero. Después se redujeron: 150 en marzo y abril, 135 en mayo, 144 en junio, 140 en julio, 147 en agosto y 137 en septiembre. Ya no disponemos de más datos hasta finales de 1843, cuando eran 108 en octubre y noviembre y 93 en diciembre[147]. Conocemos bien la situación económica del Gabinete, ya que se publicaron varias cuentas: prácticamente su único ingreso eran las cuotas pagadas por los suscriptores[148].

Además de la lectura de periódicos, el Gabinete llevaba a cabo otras funciones. A mediados de noviembre de 1841 se suscribía en él "á las causas de los generales Leon y Conca" por entregas[149]. Su ejemplo prosperó y el 5 de diciembre de 1841 se anunciaba un Gabinete de lectura de libros[150].

Sobre el carácter del Gabinete, es muy ilustrativo el debate que tuvo lugar en febrero y marzo de 1841. El 21 de febrero el *Eco de Aragón*

---

146. *Eco de Aragón*, 10-VII-1841. La inscripción costó 320 reales y los faroles 48.
147. *Ibidem*, 4-II, 23-IV, 10-VII, 25-XI-1841; 23-I-1843. En las últimas fechas se habían establecido suscripciones "menores", cuyo precio era la mitad de las mayores. Eran una en octubre, dos en noviembre y una en diciembre.
148. *Ibidem*, 4-XII, 23-IV, 10-VII, 25-XI-1841; 23-I-1843.
149. *Ibidem*, 15-XI-1841.
150. *Ibidem*, 5-XII-1841.

publicó un artículo titulado «Sobre la prohibicion de las tertulias ó sociedades patrióticas», que informaba de la orden del Ministerio de la Gobernación a los jefes políticos, para que cerrasen las tertulias o sociedades patrióticas establecidas en el territorio de su jurisdicción[151].

Dos días más tarde, en otro artículo titulado «Si el gabinete de lectura de esta ciudad está o no comprendido en la reciente orden de cerrar las tertulias patrioticas», se afirmaba:

> Muy aprensivos deben de ser los que han creido que se iba á mandar cerrar. ¿No ven que no es sociedad, ni tertulia ni nada que se parezca á lo que el gobierno ha prohibido? Para que el gobierno tuviese este derecho habia de poder disponer el uso de nuestro dinero y decirnos: no quiero que lo gasteis en periódicos. 2º. Habia de poder prohibirnos el leer periodicos en un punto determinado. 3º. Habia de poder prohibir por dos veces á la semana se leyesen los periódicos al pueblo. ¿Tiene el gobierno derecho a nada de esto?
>
> [...]
>
> Hubo en los primeros meses quien pensó se le podria dar otro carácter; pero bastaron las reflexiones de la junta directiva para que se abandonase la idea por los que la concibieran, y ya despues no sabemos que se haya vuelto á pensar en ella. "Lo que se ha fundado es un Gabinete de lectura, no otra cosa; ni hay facultades en la junta para admitir proposiciones para alterar su reglamento y su naturaleza".
>
> Pero hace mucho ruido en Madrid, dicen[152].

El 26 de febrero *El Castellano*, de Madrid, copió críticamente algunos párrafos de este artículo, a lo que el *Eco de Aragón* recordaba

---

151. *Ibidem*, 21-II-1841. La orden llevaba por fecha el 14 de febrero. Aunque ni el Gabinete ni el *Eco de Aragón* quisieron darse por enterados, la orden se refería explícitamente a las asociaciones que tuviesen por objeto leer periódicos en público (ADPZ, Gobierno civil, Vicesecretaría, leg. XVII-1268).
152. *Eco de Aragón*, 23-II-1841.

que el otoño anterior se había opuesto al establecimiento de una sociedad patriótica en Zaragoza[153].

Otro debate tuvo lugar a final de año, esta vez con *El Huracán*. El 3 de octubre un artículo editorial del *Eco de Aragón* critica a *El Huracán* por insultar a los zaragozanos, y pedía que dejase de leerse públicamente en el Gabinete[154]. La junta de este era de otra opinión. Un escrito firmado por su presidente, Esteban Lacasa, y su secretario, Hermenegildo Lambán, afirmaba que

> Si se prohibiese la lectura del Huracan, creyéramos hacerle una injusticia marcada [al público], privandole de un periodico que se escribe, como otros muchos en uso de la facultad que a todos los españoles permite la constitucion y las leyes[155].

El primer año de vida del Gabinete fue muy activo. Sin embargo, desde comienzos de 1842 el *Eco de Aragón* –que constituye casi nuestra única fuente de información– deja de publicar informaciones relativas al mismo, tal vez por la diferente opinión de su director en la cuestión de *El Huracán*.

El Gabinete se cerró el 7 de diciembre y cuatro días más tarde se imprimió una hoja suplemento al *Eco de Aragón* con las razones de la junta directiva para suprimirlo, que no hemos encontrado. El 13 de enero de 1843 la junta directiva aprobó las cuentas y siete días después se celebró una junta general de suscriptores, que acordó que el dinero disponible y los enseres se dividiesen en lotes a favor de los

---

153. *Ibidem*, 3 y 4-III-1841.
154. *Ibidem*, 3-X-1841.
155. *Ibidem*, 6-X-1841.

suscriptores que habían pagado la última mensualidad[156]. Terminaba así una experiencia destinada a poner en marcha una opinión pública liberal masiva, de la que pudiesen participar tanto los lectores habituales de prensa como quienes solo lo eran de forma accidental o eran analfabetos.

156. *Ibidem*, 23-I-1843.

Al margen del periodismo

Política, Universidad, Educación

Las colaboraciones de Foz en otros periódicos fueron muy escasas. En 1840 había publicado en el semanario de Zaragoza *La Aurora* un artículo, «De la escuela poética aragonesa»[157]. En 1862 publicó tres artículos en la *Revista de Cataluña*[158], y al año siguiente un comentario del libro *La sabiduría de las naciones ó los evangelios abreviados*, de Joaquín Bastús, en el *Diario de Barcelona*[159].

Foz no desdeñó la participación directa en política, siempre por la provincia de Teruel. En enero de 1840 aparece encabezando una candidatura con el lema "Españolismo neto". Un año más tarde, el 10 de enero de 1841, se celebró una reunión de electores en la casa de Víctor Pruneda, en Teruel, a la que asistieron unas 35 personas, la mayor parte de ellos labradores, artesanos y comerciantes. Se decidió que en la "Candidatura liberal de la provincia de Teruel. Soberanía del pueblo. = Reformas. = Economías" no podría participar ningún

157. *La Aurora*, 31-V, 8-VIII-1840.
158. «Los poetas catalanes», «Del origen de las lenguas» y «De la lengua catalana», *Revista de Cataluña*, II, 1862, pp. 170-172, 240-255, 401-407.
159. *Diario de Barcelona*, 5-I-1863.

empleado del Gobierno, pero se colocó en cuarto lugar a Foz (que sí lo era). En febrero de 1842 aparece en el sexto y último lugar de otra candidatura, llamada Progreso Legal, que proponía la Constitución de 1837, Isabel II, la regencia del duque de la Victoria hasta el 10 de octubre de 1844 y disminución de contribuciones y empleados[160]. No sabemos si estas candidaturas llegaron a presentarse; en esa época era muy habitual la publicación en la prensa de candidaturas promovidas por pequeños grupos o por personas individuales, que luego no llegaban a ser efectivas. En cualquier caso, no fue elegido diputado.

Siguió interesado por la enseñanza primaria. En enero de 1842 el Ayuntamiento de Zaragoza le nombró miembro de la Comisión local de instrucción primaria[161]. En octubre de 1845 pidió al rector ser nombrado catedrático de Instituto, si no podía seguir haciéndolo en la cátedra de la Universidad[162]. También fue miembro de la Junta Municipal de Beneficencia[163] y participó en las reuniones sobre ferrocarriles organizadas por el Ayuntamiento de Zaragoza y celebradas los días 24 de noviembre de 1859 y 31 de diciembre de 1860, junto a numerosas personalidades[164]. En 1854 adelantó al Ayuntamiento la cantidad equivalente al importe de un trimestre de contribución para paliar los problemas de liquidez por los que atravesaba[165]. También formó parte de la Junta directiva del Casino literario, elegida el 27 de noviembre de 1859[166].

---

160. *El Corresponsal*, 20-I-1840; *Eco de Aragón*, 19-I-1841; *El Correo Nacional*, 25-I-1841; *El Guardia Nacional*, 2-II-1841. Sobre estas elecciones, José Ramón VILLANUEVA, *Víctor Pruneda. Una pasión republicana en tierras turolenses*, Zaragoza, Rolde de Estudios Aragoneses, 2001, pp. 44-49.

161. AMZ, caja 6958; *Diario Constitucional de Zaragoza*, 2-IV-1842.

162. Archivo Histórico de la Universidad de Zaragoza (AHUZ), 4216 (1).

163. *El Avisador*, 12-XII-1850; *El Zaragozano*, 12-XII-1850, 1-II-1851.

164. AMZ, LA 167, 24-XI-1859, ff. 742r.º-759v.º; LA 168, 31-XII-1860, ff. 579v.º-592r.º.

165. *Diario de Zaragoza*, 26-V-1857.

166. *El Saldubense*, 30-XI-1859; *Diario de Zaragoza*, 30-XI-1859.

A pesar del incidente de 1836, su prestigio en la Universidad (y fuera de ella) no hizo sino crecer. En los cursos 1843-1844 y 1844-1845 estuvo encargado de la enseñanza de Historia y Principios de Literatura, volviendo en 1845-1846 a ser sustituto de Griego, consiguiendo la cátedra en propiedad en 1846. Aunque afirma que en 1848 fue desterrado a Filipinas, de dicho destierro (que no se llegó a producir) no ha quedado ninguna prueba. El 1 de noviembre de 1855 pronunció en la Universidad la lección inaugural del curso 1855-1856[167]. Por Real Decreto de 6 de febrero de 1861 fue nombrado decano de la Facultad de Filosofía y Letras, con una gratificación anual de tres mil reales, cargo del que tomó posesión el 1 de marzo.

El 2 de julio de 1842 la Academia de Buenas Letras de Barcelona le había concedido el premio al mejor trabajo histórico y el título de socio honorario, por su estudio sobre El Compromiso de Caspe[168]. A partir de 1856 se incrementó su relación con Barcelona, que visitó en varias ocasiones, por motivos de salud. Allí estaba en julio de 1856 (de donde marchó al Bajo Aragón), en abril y diciembre de 1862; febrero, marzo, abril y diciembre de 1863[169]. También por motivos de salud, viajó a Veruela en los veranos de 1861 y 1862. En enero de 1863 fue nombrado mantenedor de los Juegos Florales de Barcelona, que se celebraron el 3 de mayo de 1863, junto a Víctor Balaguer y a otros, y unos días después presidente de los siete mantenedores[170].

---

167. Reproducido en Braulio Foz, *Historia y política*, pp. 385-412. El manuscrito original en Archivo Personal de Braulio Foz, BUZ, APBUZ100-FOZ-1-10. Una amplia reseña del discurso en *La Libertad*, 4-XI-1855.
168. *El Corresponsal*, 9-VII-1842; *Diario de Barcelona*, 11-VII-1842.
169. *Diario de Barcelona*, 12-VII, 1-IX-1856; 16-IV, 18-XII-1862; 5-III, 18-XII-1863; *La Corona*, 5-III, 17-IV-1863.
170. *Diario de Barcelona*, 16 y 22-I, 4-V-1863; *El Lloyd español*, 16-I-1863; *La Corona*, 22-I, 5-III-1863; *El Contemporáneo*, 25-I-1863; *La Correspondencia de España*, 25-I-186; *El Clamor público*, 9-V-1863; *La España*, 9-V-1863; *Almanaque del Diario de Barcelona*, 1864, p. 120. Sobre su discurso, Hèctor MORET Coso, «150 anys del discurs de Brauli Foz en la festa del Jocs Florals de Barcelona de 1863», *Turolenses*, 3, 2014, pp. 22-25.

El 27 de diciembre de 1862 obtuvo dos meses de licencia para atender al restablecimiento de su salud y el 21 de febrero siguiente se le concedió la Real Orden de Jubilación, a petición propia. Pero su salud no dejó de empeorar y el 26 de marzo de 1864 se le administró el viático, cuando estaba en Barcelona. Mejoró a los pocos días[171].

Su salud estaba ya muy deteriorada y el 20 de abril de 1865 falleció en Borja, de donde era natural su segunda esposa, "después de sufrir una penosísima enfermedad. Sobre dos meses y hasta el momento de su muerte ha permanecido dia y noche sentado en un sillón sufriendo intensos dolores: en él recibió el Jueves Santo el Viático y el 19 la Extrema-Unción, hallándose en el pleno uso de su inteligencia y con la mas cristiana resignación"[172].

El 31 de mayo de 1867 su viuda, Antonia Nogués y Milagro (con quien se había casado el 19 de diciembre de 1850, tras la muerte de la primera, Amada Roched y Delgado, en 1848)[173], remitió al rector los libros que habían sido de la librería de su esposo, por deseo de este. El 26 de agosto, el rector los envió a la biblioteca[174].

171. *Diario de Barcelona*, 28-III-1864; *El Lloyd español*, 28-III, 1-IV-1864; *El Imparcial*, 29-III, 1-IV-1864.
172. *El Correo de Aragón*, 26-IV-1865.
173. José Antonio ANGUIANO, *Investigación de Braulio Foz*, Zaragoza, Seminario de Letras del Servicio de Formación y Seminarios, 1961 (Reimp. facsímil: Zaragoza, Ediciones de la Biblioteca de Aragón, [2000]), p. 9; Jacques BALLESTÉ, *Braulio Foz...*, pp. 55-56.
174. AHUZ, 5730 (30).

Apéndice

Primer artículo conocido de Braulio Foz. *Eco del Comercio*, 27 de junio de 1835.

Sres. Redactores del Eco de Comercio: El hecho siguiente es tan estraordinario en su línea, que con dificultad se hallará otro ejemplo bajo ningun gobierno. Suplico á vds. le den lugar en su periódico si es permitido quejarse de las irregularidades de hecho (por no darles su verdadero nombre), y de la poca prudencia y miramiento con que ejercen su poder algunos ministros, como si las leyes estuviesen suspensas, ó tuviesen poca autoridad; en cuyo caso todavía la cultura del siglo pediria otra circunspeccion, y la pide sobre todo la opinion del gobierno que tenemos.

Advirtiéndome un amigo que en la Revista Mensagero del 8 de mayo se prohibia de real orden una obrita mia, busqué el citado periódico, y en efecto hallé un aparte que dice: «S. M. la Reina gobernadora se ha servido resolver que se prohiba la circulacion de un opúsculo impreso en Barcelona, titulado: *Palabras de un vizcaíno a los liberales de la Reina Cristina, traducidas y contestadas por D. B. Foz.*

Este mismo opúsculo había yo entregado en Barcelona al impresor á fines de diciembre último con la correspondiente licencia para imprimirlo, y nada habia sabido hasta ahora por hallarme retirado en una aldea sin comunicación con nadie y atendiendo únicamente al cuidado de mi salud. Escribí, pues, al impresor, y me ha contestado: "Despúes de impresa la obra se entregaron los ejemplares, y se cumplieron todas las demás formalidades que prescribe la ley, y se pasó á su publicacion el dia 10 de febrero. No habian pasado dos horas de fijado los carteles, cuando un agente de la policía se presentó en la tienda mandando que se suspendiera la venta de la obra, y pocas horas despúes vino el comisario del cuartel con el escribano de la policía para proceder á la confiscacion de los ejemplares; y eso con tanto rigor, que fue imposible salvar ninguna porción, pues todos los que faltaban quisieron saber á quien los habia vendido, á dónde se habían remitido, y por qué conducto. Pero lo mas estraño fue que exigieron hasta el ejemplar rubricado por el escribano de imprentas; y habiendo yo rehusado entregarlo como que era un documento que debía conservar para mi resguardo, me hicieron las mayores amenazas; y en fin, me lo arrebataron por la violencia. Todas las quejas que dirigí al gobernador civil, á quien presenté un memorial, no produjeron sino nuevos disgustos, represiones, y aun una multa de 14 duros que la policía me exigió por no haber contestado con toda exactitud respecto del número de ejemplares cuando se me tomaron las primeras declaraciones en mi casa. Una reclamación que dirigí después al capitan general, como á subdelegado de policía, no tuvo el menor resultado, ni siquiera contestación... En cuanto á la real orden, la autoridad no me la ha comunicado, ni he podido encontrarla en la Gaceta de Madrid".

Este es el hecho: las observaciones que ofrece son muy obvias. Una obra impresa y publicada con todas las licencias que prescribe la ley no podía ser recogida sino en virtud de una orden espresa de S. M.; y sin embargo lo ha sido cuatro meses antes, y por una autoridad que no es conocida en las leyes vigentes sobre la impresion y publicacion de libros. Se reclamó, y ó no contestaron nada, como hacia en otro tiempo cierto tribunal de negra memoria, ó fue para tratar como no debian á un hombre á quien sostenían las leyes. Yo, señores redactores, no tengo el interes material de la especulación en esta obrita, es del impresor; pero tengo el interés mucho mayor, cual es el de no verme anunciado públicamente como hombre capaz de escribir obras que en este tiempo tan delicado merezcan ser vedadas á los españoles. Y si este interés pareciese despreciable á algunos, sobre todo teniendo mi opinion bastante acreditada para que no se pueda poner en disputa por accidentes que á otros quizá perjudicarian, ¿tan poco caso haria yo de un acto que ninguna ley reconoce? ¿En dónde, en que reglamento se concede á la policía la facultad de hacer lo que ha escandalizado á una ciudad como Barcelona? Porque se la ha escandalizado, sí, señor: se han todos admirado; se han espantado, y se han preguntado de unos á otros: ¿qué es esto? ¿en qué tierra estamos? ¿de qué sirven las leyes? Preguntas, señores redactores, que muestran bien el juicio que se hizo de aquel acto, y de la autoridad que asi atropelló el derecho positivo de un ciudadano, y el respeto que, asi los gobernantes como nosotros, debemos todos á las leyes.

Supongo que los censores regios de todas las ciudades del reino, como que son hombres que conocen el honor, su cargo, y el desaire y desprecio que se les ha hecho, mirarán este caso como deben, y harán con S. M. las gestiones que está bien á su dignidad: yo por mi parte y por ahora he cumplido; pero me propongo hacer mas cuando llegue el tiempo oportuno. Las *Palabras del vizcaíno* se han sepultado sin conocimiento de las leyes ni de S. M., no quedando justificado lo hecho en Barcelona con la posterior providencia de la autoridad suprema, porque sin esta no podia existir aquel acto en un órden legal; providencia por cierto bien ociosa, pues el público no tuvo tiempo de ver la obrita, y al impresor no se le ha comunicado. ¡Oh qué reflexiones ocurren aquí! Pero habremos de omitirlas: fáciles son; cada uno las hará á su gusto.

Besa á vds. s. m., Sres. redactores, s. s. s. s. = Braulio Foz.

Índice

Este libro se terminó de imprimir en Zaragoza
en diciembre de 2024